éditions
guy binsfeld

Romain Meyer

FRANÇOIS BAUSCH

DER UN-GEDULDIGE

SKIZZEN EINES POLITISCHEN LEBENS

Editions Guy Binsfeld

Der Jungpolitiker Ende der Achtzigerjahre mit dem späteren LSAP-Wirtschaftsminister Jeannot Krecké bei einer Radfahrer-Demo am *Knuedler*.

Der Minister im Juni 2014 mit dem deutschen Bundesminister für Verkehr, Alexander Dobrindt, bei der Einweihung der neuen Moselbrücke zwischen Grevenmacher (L) und Wellen (D).

Inhalt

Prolog 11

1. Ohne Goethe und Beethoven 15
2. Auf der Suche nach einer politischen Heimat 24
3. Der Aufbau Grün 38
4. Mit beiden Füßen in der Zivilgesellschaft 49
5. Das bittere Erbe 56
6. Der heimliche ewige Parteichef 61
7. Lechts oder rinks? 70
8. Lieber rot, blau oder schwarz? 75
9. Mutig oder missmutig? 90
10. Des einen Freund… 97
11. Körperliche Metamorphosen 104
12. Jo, mir si mam Velo do 111
13. Wie die Tram auf die Schienen kam 116
14. Die ersten Sporen in der Realpolitik 123
15. Königsmörder gehören abgestraft 132
16. Ein Wirbelwind auf Stockwerk 16 138
17. Un-Geduld 151

Epilog 155

Übersicht: Stationen eines Politikerlebens 159

Quellen 164

*„Pas question de cohabiter pendant plusieurs mois
avec un personnage avec lequel je n'ai pas d'atomes crochus."*

Jean Lacouture, Journalist und Biograph (1921–2015) in „Profession biographe,
conversations avec Claude Kiejman", *Hachette Littératures*, 2003.

Prolog

Mittwoch, 23. September 2015. Seit den Morgenstunden ist das Wetter diesig. Für den Nachmittag ist Regen angekündigt. Eine halbe Stunde noch, dann beginnt die Einweihung des letzten Teilstücks der Nordstraße.

An der Auffahrt in Lorentzweiler dürfen die Autofahrer, die eine Einladungskarte vorweisen können, auf die noch nicht eröffnete Autobahn fahren. 300 Ehrengäste stellen ihr Fahrzeug hinter dem Tunnel *Grouft* auf der Überholspur in Richtung Luxemburg ab, steigen über eine provisorische Treppe, die den Mittelstreifen der Autobahn quert, und nehmen auf der anderen Seite unter der Wildbrücke *Réngelbour* Platz.

François Bausch, seit knapp zwei Jahren Minister, erscheint 25 Minuten vor dem offiziellen Beginn des Festaktes. Er wird von etwa 50 buhrufenden Umweltschützern empfangen, die Spruchbänder mit Slogans gegen die Nordstraße ausgebreitet haben. Bausch sucht vor dem Regen Schutz unter der Wildbrücke. Sie ist am hinteren Ende geschlossen und wirkt deshalb wie eine Röhre – trotz der kalten Betonmauern sieht sie aber aus wie ein Festsaal.

Die Röhre füllt sich. In den Reihen sitzen Vertreter der nationalen und der lokalen Politik, amtierende Regierungsmitglieder, ehemalige Minister, Abgeordnete im und außer Dienst, Bürgermeister, Schöffen und Gemeinderäte aus mehreren Jahrzehnten. Unter ihnen ist der 92-jährige frühere Bürgermeister der Stadt Vianden, Raymond Frisch, der dem Lobbyismus für den Bau einer vierspurigen Straßenverbindung zwischen der Hauptstadt und dem Norden des Landes Jahrzehnte gewidmet hat. Unter den Honoratioren sitzen auch Beamte der Straßenbauverwaltung, die gefühlt ein ganzes Arbeitsleben an der Entwicklung der Trasse und an der Verwirklichung der Straße gearbeitet haben.

Die Gegner der Nordstraße stehen auf der Wildbrücke im Regen. Einer allerdings, der lange Jahre mit ihnen gegen den Bau dieser Straße Sturm lief – zuerst auf außerparlamentarischem Wege und später auch als Abgeordneter – ist nun drinnen der Zeremonienmeister: François Bausch, Minister für Nachhaltige Entwicklung und Infrastrukturen, begrüßt die Gäste mit Handschlag.

René Biwer, Direktor der Straßenbauverwaltung, eröffnet den Festakt mit Lob an alle jene früheren Ressortchefs, die sich um die Umsetzung des Projektes verdient gemacht haben: Robert Goebbels (LSAP, 1989–1999), der das entsprechende Gesetz 1997 im Parlament zur Abstimmung brachte; Erna Hennicot-Schoepges (CSV, 1999–2009), die sich nicht von technischen Problemen beeindrucken ließ und den Bau fortführte; Claude Wiseler (CSV, 2009–2013), der zwei Gesetze nachschieben musste, um der enormen Kostenexplosion zu begegnen. Dann schließt Biwer mit der Einladung an seinen jetzigen Minister, die Nordstraße einzuweihen, „auch wenn er früher nicht dafür war".

François Bausch schreitet zum Rednerpult und so mancher Ehrengast fragt sich, wie er sich wohl aus der Affäre ziehen wird, ohne das Gesicht zu verlieren. Da erscheint auf einem Großbildschirm an der Wand hinter dem Rednerpult sein Gesicht: 25 Jahre jünger, korpulenter, pausbäckig, mit längerem Haar, Asterix-Schnurrbart und kämpferisch anmutendem Schal. Nun tritt der Minister ans Mikrofon, schlank, adrett frisiert, mit

Anzug und Krawatte. Er lächelt in den Saal und fragt: „Wien hätt dat geduecht?"

Eine RTL-Reportage aus dem Jahre 1992 läuft ab. Auf der Leinwand wettert der GAP-Abgeordnete „Fränz" Bausch gegen die Zerstörung des größten zusammenhängenden Waldgebietes des Landes und erklärt resolut, er sei nicht nur aus Umweltschutzgründen gegen die Nordstraße, sondern auch aus verkehrs- und landesplanerischen Überlegungen. Da sie dem Norden des Landes überhaupt nichts bringe, müsse die neue Autobahn ohnehin Zentrumsstraße genannt werden. Ende der Vorführung.

„Jo, Monseigneur, dat ass dat wat e jonke Mënsch deemols gesot huet, dee sech vill geännert huet, awer dat kënnt net vun ongeféier."

Als wolle er Gegner und Befürworter der neuen Autobahn miteinander versöhnen, spricht François Bausch von den Gefühlen und der Leidenschaft, die während langer Jahre den Streit um die Autobahnverbindung prägten. Wäre die Diskussion sachlicher geführt worden, meint er, hätte eine bessere Lösung ausgearbeitet werden können. Ein wenig scheint es, als wolle er mit seiner Rede auch zwischen sich und seiner Vergangenheit schlichten, den Oppositionnellen *Fränz* und den Minister *François* unter einen Hut kriegen. Dann weiht er die Straße ein, versöhnlich, ohne seine Ansichten und Überzeugungen aus früheren Zeiten verleugnet zu haben.

In den Abendnachrichten auf RTL zieht Großherzog Henri im Interview mit Journalist Nico Graf sein persönliches Fazit: „Den Här Bausch huet et ganz gutt expliziéiert an ech fanne säin Discours war exzellent."

1. Ohne Goethe und Beethoven

Wenn Anni Bausch-Goedertz lächelt, verleihen die schmalen Lippen um ihren breiten Mund dem hageren Gesicht diesen Anschein schüchterner Verlegenheit, der auch die Gesichtszüge ihres Sohnes prägt, wenn er zu einer Rede ansetzt. Von ihrem Zimmer in der *Fondation Pescatore* aus sieht die 82-jährige Witwe auf das Hochhaus jenseits vom Pfaffenthal, in dem ihr Sohn im Dezember 2013 das Büro des Ministers für Nachhaltige Entwicklung und Infrastrukturen bezogen hat. Den Fortgang der Arbeiten an der Tram, dem Vorzeigeprojekt des grünen Ministers François Bausch, kann sie hinter dem Fenster sitzend verfolgen.

In den ersten Jahrzehnten nach dem Zweiten Weltkrieg geben die meisten Frauen nach der Geburt eines Kindes ihren Beruf auf. Die Gattin von Pierre „Pir" Bausch will jedoch trotz der drei Buben nicht Hausmütterchen sein. So melden die Bauschs das Café im *Fond Saint Martin* in Weimerskirch auf Anni, geborene Goedertz, an. Ihre Eltern wohnen mit im Haushalt und kümmern sich um die Enkel. François, der Älteste, kommt am 16. Oktober 1956 auf die Welt, Emile, genannt „Mil", wird 1960 geboren, Marco 1963. Ein weiterer Junge stirbt in seinem ersten Lebensjahr.

Der Weimerskircher *Pir* Bausch (1926–2011) lernt seine künftige Ehefrau auf einem Ball in ihrem Heimatviertel Kirchberg kennen. Ganz unüblich, fordert sie ihn zum Tanz auf und er, der überhaupt nicht tanzen kann, folgt ihr auf die Tanzfläche. Als Arbeiter der *Dummeldenger Schmelz* gehört *Pir* wie alle Bauschs dem *Letzëbuerger Aarbechterverband* (LAV) an. Im Gegensatz zu den meisten seiner Verwandten ist er allerdings nicht Mitglied der kommunistischen Partei. Dennoch wählt er, selbstverständlich, die KPL.

Das Klischee der vornehmen *Stater*, das teilweise heute noch im Ösling, an der Mosel, im Westen und im Süden des Landes gepflegt wird, passt zu *Pirs* Zeiten so gar nicht zu den Bewohnern der alten Gemeinde Eich. In den Stadtvierteln Eich, Weimerskirch und Dommeldingen wohnen die Nachfahren der als *Lakerten* bezeichneten Lumpensammler, zusammen mit kleinen Handwerksleuten und den vielen Arbeitern aus den Schmelzen in Eich und Dommeldingen. Feine Manieren und gepflegte Sprache sind nicht die Sache derer aus der Unterstadt.

An das Wirtshaus im *Määrtesgronn* hat François Bausch gute Erinnerungen. In Weimerskirch kann er mit seinen Freunden nach Herzenslust herumtollen, die Grünflächen reichen vom *Kuebebierg* im Norden und von der *Schëttermarjal* im Süden bis tief ins Viertel hinein, das die neue Kirchbergerstraße noch nicht zweiteilt. Sein Großvater, Nic Goedertz, erzählt ihm von den Leuten im Viertel und von den Geschichten, die das Leben schreibt. Mit ihm kommt er viel herum. Dem 1966 verstorbenen Großvater verdankt der spätere Politiker sein Interesse am gesellschaftlichen Geschehen.

Als François 10 Jahre alt ist, zieht die Familie nach Rollingergrund um und übernimmt dort das *Café des Bons Amis*, die heutige *Brasserie Ana Paula* an der verkehrsreichen Hauptstraße. In einem Interview erklärt er 40 Jahre später, der Umzug habe ihm nicht behagt, ja sei für ihn ein Schock gewesen, weil es in Rollingergrund bereits viel Verkehr gab.

Die Mutter ist davon überzeugt, dass die Kindheit im Wirtshaus ihren drei Jungen nicht geschadet hat. „Si sinn net méi domm ginn dovun." Ihr Ältester führt seine Leichtigkeit im Umgang mit Menschen auf die Erfahrungen im Lokal zurück. Die Gespräche mit den Kunden, der Kontakt mit den Leuten habe ihm später in der Politik sehr geholfen, erklärt Bausch in einem Zeitungsinterview. Die Wirtschaft hat täglich geöffnet, geschlossen ist nur sonntags während der Stunden vom Mittagessen bis zum Ende der RTL-Fernsehsendung *Hei elei, kuck elei*. Die Brüder erinnern sich, dass dann über das Geschehen im Land und in der Welt gesprochen wurde. „Vater versuchte nie, uns seine Meinung aufzuzwängen", hebt Mil hervor, „er wollte stets, dass wir uns unser eigenes Urteil bilden".

Die Buben kommen wenig mit hoher Literatur und schönen Künsten in Berührung. „Wir wurden nicht dazu angehalten, Bücher zu lesen", erklärt Mil. François habe als Kind höchstens Micky Maus gelesen, erinnert sich seine Mutter. Vielmehr wird es *Pir* Bauschs Reiselust sein, die den Horizont seiner Söhne erweitert.

Bereits in den Sechzigerjahren spart sich der Vater das Geld für ein Auto zusammen. Zuerst fährt er einen weißen und dann einen roten Ford Cortina, später einen gebrauchten Volvo, mit dem auch die Söhne noch jahrelang herumfahren. Mit dem Zelt und später einem Wohnwagen fährt die Familie im Sommer an die belgische Küste und auch schon nach Italien, Spanien und Jugoslawien. „Vater war nicht am Strandleben interessiert und so lagen wir nicht wie andere in Rimini am Meer. Wir besichtigten eher die Toskana", erinnert sich Mil. „Und weil das Geld nicht für den Eintritt reichte, sahen wir uns den Schiefen Turm von Pisa nur von außen an."

Alle drei seien sie brav gewesen, sagt die stolze Mutter rückblickend, ohne einen ihrer Buben hervorzuheben. Sie predigt ihren Kindern stets, dass die „Kirche im Dorf bleiben" müsse. Dabei spielt Religion keine Rolle in der Familie Bausch, auch wenn alle drei Brüder ihre Erstkommunion empfangen. Das war damals halt so.

Der auf den Namen „François" Getaufte ist bei seinem Freunden und Bekannten „de Fränz". Mil und Marco aber nennen den großen Bruder seit jeher „Frossi". Ihre besondere Aussprache siedelt den Vokal „o" irgendwo zwischen der ersten Silbe von *Francis* und einem langen „o" an. Der Laut, der dabei entsteht, lässt sich schriftsprachlich nicht eindeutig wiedergeben.

Aus Marcos Sicht hat der große Bruder sowohl sein gesellschaftliches Engagement und sein Interesse am Geschehen in der Welt, aber auch seine Verbissenheit vom Vater geerbt. „Überhaupt hat *Frossi* alle guten Gene von Vater und Mutter erhalten. Mil und ich teilen uns den Rest", scherzt der Jüngste der drei Brüder. Mil relativiert: „Sein handwerkliches Talent hat unser Vater ihm sicher nicht vererbt. Er kann doch nicht mal einen Nagel richtig einschlagen." Auch wenn es ihn damals ärgerte, kann Mil über das vor Jahren in die Welt gesetzte Gerücht, François Bausch fahre ein Luxusauto der Marke Porsche, nur lachen: „Er wüsste doch nicht fachgerecht mit einem solchen Wagen umzugehen." Allzu oft musste der Zweitgeborene zur Jugendzeit seinem großen Bruder Pannenhilfe leisten, wenn dieser es wieder einmal versäumt hatte, seinen Citroën 2CV, dessen Nachfolgemodell Dyane oder den Renault R4 ordentlich zu warten. Für Autos wird sich François sein ganzes Leben lang nicht begeistern. Zum Zeitpunkt seiner Berufung in die Regierung Bettel-Schneider besitzt er einen japanischen Wagen mit hybridem Benzin- und Elektromotor, den hauptsächlich seine Frau nutzt. Er fährt, vor allem in der Stadt, lieber mit dem Fahrrad oder geht zu Fuß.

François Bauschs politische Weggefährten der ersten Jahre können anfangs nicht glauben, dass er die Eigenschaft des Vaters, niemandem seine Meinung aufdrängen zu wollen, übernommen hat. Schnell braust der junge Mann auf, wenn ein Genosse eine Meinung vertritt, die von seiner eigenen abweicht. Analysen, die er nicht teilt, stuft er als Ergebnis von Böswilligkeit oder Unwissenheit ein. Nicht genehme Ansichten walzt er platt. Gerne benutzt er das Schlagwort „grotesk" und unterstellt damit den gegnerischen Argumenten eine gewisse Absonderlichkeit. Mit dem Beginn seiner politischen Laufbahn legt sich allmählich seine aufbrausende Rechthaberei. Jahre später wird François Bausch einen seiner früheren Juso-Kumpel bitten, ihm die schroffen Attacken aus der Jugendzeit zu verzeihen.

Nach der Primärschule in Weimerskirch und Rollingergrund besucht der junge *Fränz* das 7. Schuljahr in der hauptstädtischen *Aldringen-Schule*. In Erinnerung bleibt ihm ein „brutaler Schulalltag", der „sehr heftig" gewesen sei. In den frühen Siebzigerjahren muss das verhasste Schulgebäude dem neuen städtischen Busbahnhof an der *Place Emile Hamilius* weichen. Vier Jahrzehnte später wird der frühere *Aldringen*-Schüler maßgeblich an der erneuten Umgestaltung des Ortes beteiligt sein, als er als Erster Schöffe der Stadt Luxemburg das ambitionierte Immobilienprojekt *Royal-Hamilius* mit in die Wege leitet.

Als *Fränz* zu den Aufnahmeprüfungen für Mittelschule und Lyzeum antritt und beide schafft, reagieren Vater und Mutter gemäß dem typischen Komplex damaliger Arbeiterfamilien: „Meine Eltern glaubten, das *Lycée* sei nichts für mich." Aber auch nach einem Jahr Mittelschule steht der 14-Jährige am Ende einer Sackgasse. „Ich hatte nichts als Dummheiten im Kopf." Deshalb stecken ihn die Eltern ins Internat. Doch auch bei den Klosterbrüdern vom *Institut Sainte-Marie* in Arlon ist nach einem Jahr Schluss. Der Junge ist stets in Opposition. „En huet gutt geléiert, awer e war ze bequem", urteilt seine Mutter im Rückblick wohlwollend. Da er noch zu jung ist, nimmt ihn das Internat der *Prêtres du Sacré-Coeur de Jésus* in Clairefontaine, wo zu der Zeit Jean-Claude Juncker seine Sekundarstudien ablegt, nicht auf. Nach einem Versuch in der Handelsschule *Scherer* und einigen Monaten Krankenpflegerausbildung in der Berufsschule findet François Bauschs schulische Laufbahn ihr frühzeitiges Ende. Vorläufig.

Knapp 17 Jahre alt beginnt er im Dezember 1973 als *journaliermanœuvre* in der *Rott*, dem Gleisbautrupp der Luxemburger Eisenbahngesellschaft. Nach einigen Monaten auf Probe wird er in der *I-Laufbahn* (I steht bei der CFL für *carrière inférieure*) eingestellt. Um nicht mehr in aller Herrgottsfrühe mit Bus und Zug von Rollingergrund nach Noertzingen fahren zu müssen, legt er ein knappes Jahr später das Examen zum *manœuvre de gare* ab und wird Lampist am Bahnhof Luxemburg. Er schmiert die Weichen, putzt die Lampen und hängt die Signale an die Schienenfahrzeuge. Am Stellwerk in Dommeldingen legt er die Weichen um, wenn eine zweite Lokomotive einen der schweren Güterzüge, die über die CFL-Nordstrecke Koks vom Aachener Revier zu den Schmelzen in der Minette-Gegend fahren, die Steigung zum Hauptbahnhof hinaufschieben muss.

Die Spötter und Neider, die bei Bauschs Regierungseintritt 2013 lästerten, in Luxemburg könne sogar ein *Billjetknipsert* Minister werden, haben diese ersten Sprossen seiner beruflichen Leiter wohl übersehen. Sonst wären ihnen sicherlich weitaus verletzendere Beleidigungen eingefallen.

Nach den ersten Monaten im Außendienst dämmert dem jungen Eisenbahner, dass „dat dach net alles ka gewiescht sinn". Er entschließt sich dazu, die Aufstiegsmöglichkeiten zu nutzen, die die Eisenbahngesellschaft ihren Bediensteten anbietet. Ein erster Karrieresprung gelingt ihm, als er das Zugführerexamen besteht und daraufhin als Schaffner die Fahrkarten der Reisenden kontrolliert.

Als Guy Greivelding und Nico Georges den neuen Eisenbahner zu Hause aufsuchen, um ihn in den „roten" Verband aufzunehmen, empfängt *Pir* Bausch die beiden Junggewerkschafter hinter der Theke und entscheidet für seinen Sohn: „Schreift en op!" Kurz vorher, am 9. Oktober 1973, folgen in der Hauptstadt mehr als 40.000 Menschen dem Protestaufruf des *Lëtzebuerger Aarbechterverband* (LAV) gegen die Politik der CSV-DP-Regierung. Als Vater Bausch zur Demonstration der Gewerkschaft aufbricht, erklärt er seinen Söhnen, er gehe hin, damit sie es einmal besser haben als er selbst. Dieser Satz prägt sich im Kopf seines Ältesten ein.

Später nimmt François sein gewerkschaftliches Schicksal selbst in die Hand und wirkt in der *Fédération Nationale des Cheminots, Travailleurs du Transport, Fonctionnaires et Employés Luxembourgeois* (FNCTTFEL) aktiv mit. Am 9. Juni 1978 taucht sein Name zum ersten Mal im Verbandsorgan *Le Signal* auf, als Mitglied der Resolutionskommission des Kongresses. 1979 wird er Sekretär der Zugführersektion und weist in seinem ersten Schriftstück, einem Brief an den Dienstchef, auf Missstände beim Zugbegleitpersonal hin: „Par la présente je soussigné Bausch Fr., secrétaire de la section, prends la respectueuse liberté de soumettre à votre appréciation les points suivants: ..."

Im April 1979 erscheint im *Signal* der erste von François Bausch signierte Artikel. Stolz und präzise schreibt der 22-jährige Sektionssekretär, bei der Generalversammlung seien 27 Mitglieder anwesend gewesen, „was ein Aufwärtstrend war gegenüber dem letzten Jahr (16 Mitglieder)". Er stellt fest, „dass es fast nur ältere Kameraden sind die Interesse für gewerkschaftliche Arbeit zeigen" und lässt bereits im Ansatz Führungseigenschaften durchscheinen: „Ein Appell also an die jüngeren Kollegen aktiver zu werden, denn sie sind diejenigen die noch eine längere Arbeitslaufbahn vor sich haben." Abgesehen von den Kommaregeln, die er kaum beachtet, fällt der korrekte Schreibstil des jungen Mannes auf, der bis dahin wenig Gelegenheit zu Schreibübungen hatte.

Im September 1979 ist er ernst und nachdenklich auf dem Foto einer Sitzung des Delegiertenrats der CGT (*Confédération Générale du Travail*) zu sehen. Der Dachverband der linken Gewerkschaften OGBL, FNCTTFEL, FGIL und FLTL befasst sich mit der Reform des Primärschulunterrichts. Seine eigenen schulischen Erfahrungen, die Aneinanderreihung von Misserfolgen sowie die Gewissheit, dass „dat dach net alles ka gewiescht sinn" haben François Bauschs Interesse an der Bildungspolitik geweckt. Das Thema beschäftigt ihn weit über seinen persönlichen Werdegang hinaus. Ein gewaltiger Entwicklungsprozess beginnt, sich im Kopf des jungen Gewerkschafters in Gang zu setzen.

Innerhalb kürzester Zeit ist François Bausch in der Gewerkschaft allgegenwärtig: Er wird Sekretär der Jugendabteilung, Mitglied des Redaktionskollektivs der Jugendseite im *Signal*, Jugendvertreter in der Sektion der Eisenbahner, Vertreter seiner Berufssektion im Verwaltungsrat seiner Lokalvereinigung, Mitglied des Verbandsrates, dem höchsten Organ zwischen den Kongressen, und Vorstandsmitglied der CGT-Jugend. Parallel ist er Mitglied in einer Arbeitsgruppe zum Öffentlichen Transport und gehört einer weiteren an, die sich mit der Ausarbeitung eines Gesamtverkehrskonzeptes beschäftigt.

Derweil merkt der aufstrebende junge Mann schnell, dass ein höherer Schulabschluss ihm neue Türen öffnen würde. Ende der Siebzigerjahre überredet ihn ein Freund, mit dem er viele Abende in der Diskothek *Blow up* auf dem Limpertsberg verbringt (Bausch selbst bezeichnet das Lokal scherzhaft als seine damalige „zweite Heimat"), es doch noch einmal mit der Schule zu versuchen.

Im Schuljahr 1978/79 bietet aufgrund mangelnder Nachfrage keine hauptstädtische Sekundarschule Abendkurse an. Als Alternative wird François Bausch im *Lycée de garçons* in Esch/Alzette angenommen, allerdings mit der Auflage, die Klassen *Sixième* und *Cinquième* im einjährigen Schnelldurchlauf abzurackern. Er nimmt das Angebot an und bemüht sich bei seinen CFL-Vorgesetzten um möglichst viele Frühschichten.

„Meine Arbeit bei der Eisenbahn begann um 4 Uhr morgens. Gegen Mittag war ich dienstfrei. Am Nachmittag machte ich meine

Hausaufgaben. Danach fuhr ich zum Abendkurs nach Esch". Allerdings kennt François Bausch seinen Schichtplan stets nur eine Woche im Voraus und auch das mit der Frühschicht klappt nicht immer.

Dass er das erste, doppelte Schuljahr mit Erfolg abschließt, steigert seine Motivation erheblich. Als er auch die *Quatrième* und die *Troisième* erfolgreich hinter sich bringt, kann er bei der CFL von der unteren in die mittlere Laufbahn wechseln. Er wird in den Petinger Bahnhof versetzt, kommt dann als Aufsichts- und Schalterbeamter in den Hauptbahnhof und später ins Stellwerk Luxemburg-Süd. François Bausch hegt bereits Pläne für die Zeit nach dem Abitur. Er erwägt ein Studium der Wirtschaftswissenschaften, die mittlerweile für ihn zu einer wahren Leidenschaft geworden sind.

Doch mit seinen zunehmenden gewerkschaftlichen und politischen Verantwortungen manövriert er sich allmählich in eine Sackgasse: Im Schuljahr 1981/82 bricht er die *Deuxième* ab, da er Beruf, Abendkurse, Hausaufgaben und gesellschaftliches Engagement zeitlich nicht mehr unter einen Hut bekommt.

Jahrzehnte später antwortet er in einem Interview mit der Zeitschrift *Paperjam* auf die Frage nach seinem größten Bedauern und seiner größten Genugtuung: „Je pense que mon plus grand regret est de ne pas avoir eu l'opportunité de terminer mes études en économie politique. Mais en contrepartie, ma plus grande fierté est d'avoir néanmoins réussi un parcours personnel et politique très difficile, qui m'a donné un sens pratique pour ma vie."

2. Auf der Suche nach einer politischen Heimat

Mit 16 Jahren ist Abbes Jacoby ein braver Messdiener in der Herz-Jesu-Kirche im hauptstädtischen Bahnhofsviertel. Noch ahnt er nicht, wie sehr sich sein Leben innerhalb weniger Monate ändern wird. Am Anfang dieser Entwicklung steht ein Religionslehrer im *Lycée Michel Rodange*. Er erzählt seinen Schülern von der katholischen Befreiungstheologie in Lateinamerika und öffnet Abbes die Augen. Derweil stürzt in Chile am 11. September 1973 der faschistische General Augusto Pinochet die rechtmäßige Volksfrontregierung des Sozialisten Salvador Allende mit einem blutigen, von den USA unterstützten Militärputsch. In Luxemburg folgen 40.000 Menschen dem Aufruf des LAV und demonstrieren am 9. Oktober gegen die als unsozial und rückständig erachtete Politik der CSV-DP-Regierung.

Diese beiden Ereignisse – so unterschiedlich die politischen Ebenen, auf denen sie sich ereignen, auch sein mögen – wirken bei vielen jungen Menschen auf der Suche nach politischen Idealen wie ein Fanal. Abbes Jacoby beschließt, wie viele andere in diesen ersten Jahren nach der Studentenrevolte von 1968, sich politisch links zu engagieren. Er wird in der trotzkistischen *Ligue communiste révolutionnaire* (LCR) aktiv.

Die Anhänger der LCR sehen sich als Speerspitze des Klassenkampfes und Wegbereiter der proletarischen Revolution. Als nationaler Ableger der Vierten kommunistischen Internationale fühlen sie sich auserwählt, der Arbeiterklasse in Luxemburg zu Macht und Einfluss zu verhelfen. Die damals von den französischen Genossen verkündete Theorie des *tournant ouvrier* gebietet den trotzkistischen Studenten, ihre Studien aufzugeben und sich unter die Arbeiter in den Fabriken zu begeben. Während in Frankreich immerhin 400 Genossen dem Ruf folgen, traut sich in Luxemburg nicht einer der wenigen angesprochenen Linksintellektuellen an die Werkbank. Um dennoch ihre Nähe zur proletarischen

Basis unter Beweis zu stellen, verlegt eine Handvoll Mitstreiter ihren Wohnsitz nach Esch/Alzette.

François Bausch und Abbes Jacoby lernen sich Ende der Siebzigerjahre in der Jugendabteilung der FNCTTFEL kennen. Ihre Freundschaft und Zusammenarbeit wird über eine gemeinsame, linksradikale Phase hinaus auch das politische Engagement des einen in der LCR und des anderen in der LSAP überdauern: Jacoby wohnt Mitte der Achtzigerjahre mit Bausch in einer Wohngemeinschaft. Er nimmt Bausch 1986 in die Partei der Grünen auf und bleibt bis zu seinem Eintritt in den Ruhestand als Sekretär der Parlamentsfraktion der Grünen eine wertvolle und treue Stütze für den Langzeit-Präsidenten Bausch (1999–2013).

Die beiden treffen sich zum ersten Mal bei einer Weiterbildungsveranstaltung der Gewerkschaftsjugend im Bildungszentrum der Arbeiterkammer in Remich. Auf dem Programm steht ein Seminar über Massenmedien, in dem Pierre Puth auf anschauliche Weise die politische Manipulation der Menschen durch Medien am Beispiel der deutschen BILD-Zeitung erklärt. „Es war, als hätte jemand in meinem Kopf ein Licht angeschaltet", erinnert sich François Bausch. Die Analysen des linken Lehrers öffnen dem damals 20-Jährigen die Augen. Schlagartig erkennt er Wahrheiten und Zusammenhänge, die ihm bis dahin verborgen geblieben waren. In Bezug auf sein eigenes Engagement kommt er wieder einmal zur Einsicht, dass „dat dach net alles ka gewiescht sinn". So gibt Pierre Puth unbewusst den Anstoß zu einer politischen Laufbahn, die zu jenem Zeitpunkt niemand voraussahnt.

Bei einem weiteren Bildungsseminar des Eisenbahnerverbandes im Herbst 1977 im Ferienheim der Gemeinde Esch/Alzette in Insenborn versucht ein Kollege dem jungen Gewerkschafter die Mitgliedschaft in den *Jeunesses Socialistes Luxembourgeoises* (JSL) schmackhaft zu machen. Die von dem Jungsozialisten angebotene Bedenkzeit lehnt François

Bausch freundlich ab und sagt ohne zu zögern zu. Das informelle Aufnahmegespräch am Obersauerstausee lässt erkennen, wie Bausch auch bei späteren politischen Entscheidungen vorgehen wird: Er hört zuerst aufmerksam zu, denkt kurz nach, entscheidet dann blitzschnell und handelt im Anschluss entsprechend. Der Mutterpartei tritt er etwas später bei, ungefähr zu der Zeit als Jean „Muck" Huss die LSAP verlässt. Beim außerordentlichen Kongress im Dezember 1978 ist *Muck* einer der Haupteinpeitscher gegen den Bau eines Atomkraftwerkes in Remerschen. Sein leidenschaftlicher Einsatz trägt wesentlich zum knappen Votum gegen ein AKW auf Luxemburger Boden bei. Aufgrund des sozialistischen Vetos lässt die sozialliberale Koalition später ihr Atomprojekt fallen. Trotz dieses Erfolges entfremdet sich der junge Escher Nachwuchspolitiker von der Partei, deren Führungsleuten er unter anderem unfaire Methoden während der Atomdebatte vorwirft. Er tritt aus der Partei aus und gründet anschließend mit Gleichgesinnten die alternative Zeitschrift *Perspektiv*, in deren Redaktion schließlich 1982 die Idee der Gründung einer grünen Partei heranreift. 1984 wird Jean Huss mit Jup Weber einer der zwei ersten grünen Abgeordneten Luxemburgs. François Bausch feiert an jenem Wahlabend im Juni 1984 noch im *Café de la Station* in Mühlenbach den berauschenden Wahlsieg der LSAP. Doch bleibt auch er nicht bei den Sozialisten und rückt 1989 für die grün-alternative Partei (GAP) ins Parlament. Mehr als zwei Jahrzehnte arbeitet er, wenn auch nicht immer ganz harmonisch, mit *Muck* zusammen. Beide werden jeder auf seine eigene Weise zu den richtungsweisenden Persönlichkeiten der grünen Politik in Luxemburg.

Anfang 1979 erscheint der erste Leserbrief von François Bausch im *Tageblatt*. Unter dem Titel „*Ein Gewerkschaftsspalter auf der Liste von Jean Gremling*" übt sich der Jungsozialist in Polemik: „So sehr ich über den Ausschluss von Jean Gremling von der LSAP-Zentrumsliste enttäuscht war, so sehr hat mich doch jetzt auch Jean Gremling enttäuscht indem er den Gewerkschaftsspalter Camille Faber auf seine Liste nahm." Der sozialistische Abgeordnete Jean Gremling hatte im Parlament gegen ein Gesetz der LSAP-DP-Regierungsmehrheit gestimmt und wurde deshalb aus der Fraktion ausgeschlossen. 1979 tritt er mit der Liste *Jean Gremling – Socialistes indépendants* zur Parlamentswahl an. Der Zugführer Camille Faber, der die FNCTTFEL verlassen und vergeblich versucht hat, einen Konkurrenzverband auf die Beine zu stellen, kandidiert auf dieser „Dissidentenliste".

Für François Bausch beginnt nun die „Sturm- und Drangzeit". Er liest wie besessen linke Zeitungen und Zeitschriften, ideologische Schriften, theoretische Abhandlungen, historische und philosophische Texte, genauso wie politische Pamphlete, Bücher und Fachliteratur. Der damalige Wirtschaftsstudent Serge Allegrezza erinnert sich an die gemeinsamen Abende unter Jungsozialisten im Café *Bei de Meedercher*: „Ich bewunderte seinen Wissensdurst. Wenn wir freitagabends in Clausen zusammensaßen, hatte er stets den *Monde diplomatique* dabei."

Die Lektüre der Werke von Karl Marx und Friedrich Engels treibt seine politische Bewusstseinsbildung an. Die Theorien des marxistisch eingestellten, britischen Historikers Eric Hobsbawm und die des belgischen Ökonomen und Trotzkisten Ernest Mandel beschleunigen sie. Sie sind für ihn der Schlüssel zum Verständnis der Herrschaftsverhältnisse, der Lage seiner Klasse und seiner Familie, seiner eigenen sozialen Stellung: „Mein Vater, ein hochintelligenter Mann, wäre nicht Schmelzarbeiter geworden, wenn er in eine andere Familie hineingeboren worden wäre. Er hätte studiert." Fritz Zorn, der in seiner Autobiografie *Mars* die heile bürgerliche Gesellschaft schonungslos entzaubert, bestätigt den jungen Mann in seinen rebellischen Ansichten. Die Schriften des Schweizer Sozialisten Jean Ziegler schärfen seine Sicht auf die Misere und die Machtverhältnisse in den Ländern der Dritten Welt.

Ein Steckenpferd des jungen François Bausch ist das Kino. Als Mitglied des *Ciné-Club 80* lernt er, Filme kritisch zu betrachten und hinter die Kulissen der Filmindustrie zu schauen. Bei einem Gewerkschaftsseminar entlarvt Joy Hoffmann, wie Filme unter der Tarnkappe der Unterhaltung ideologische Wertvorstellungen vermitteln, die von offen kleinbürgerlich bis versteckt faschistisch reichen. Als Beispiel zeigt Hoffmann den Film *From Russia with Love*. Auch François Bausch gibt sein Urteil über den James-Bond-Streifen ab und kommt damit nicht bei allen Teilnehmern an. Im *Signal* schreibt er dazu: „Einzelne Kollegen fanden unsere Interpretation des Filmes nicht richtig. Hierzu muss gesagt werden, dass verschiedene Kollegen die üblichen anfänglichen Schwierigkeiten mit der ungewohnten Art der Analyse hatten." Obwohl seine blitzschnelle Politisierung ihn zu teils radikalen Positionen treibt, scheint ihm das rechte Augenmaß für die Aufnahmefähigkeit seiner Ideen durch andere nicht abhandengekommen zu sein. Seine ersten Schritte auf dem ideologisch-politischen Parkett zeigen überdies, dass er seine neu gewonnenen Erkenntnisse unbedingt weitervermitteln möchte. So nennt er im *Signal* Bernt Engelmanns *Anti-Geschichtsbuch* über die Periode von 1918 bis 1938 ein Meisterwerk, „das jedem zu empfehlen [sei], damit jeder, wie es so schön heißt, aus der Geschichte lernt".

Bauschs Fähigkeit, Zusammenhänge zu erkennen und zu erklären, erlaubt es ihm, sektorielle Anliegen wie die Forderung nach der Herabsetzung des Rentenalters für das CFL-Zugpersonal von 60 auf 55 Jahre in einen allgemeinpolitischen Zusammenhang zu stellen. Im *Signal* stellt er fest, „dass der Kapitalismus sich ja in einer augenblicklich schweren wirtschaftlichen Krise befinde. Immer mehr Arbeitslose stünden als Folge dieser Krise auf der Tagesordnung. Die Fünf-Jahre-Bonifikation schaffe ja auch Arbeitsplätze." Auch die internationalistische Haltung der Linken bringt er an die Betriebsbasis heran: „Die Sektion Zugpersonal erklärt sich solidarisch mit dem nicaraguanischen Volk und spendet 2.000 F."

Je mehr sich der wissbegierige junge Bausch mit den Schriften von linken Philosophen, Ökonomen und Journalisten auseinandersetzt, umso schmaler wird für ihn der weltanschauliche Horizont innerhalb der LSAP. Der Drang, politisch das vermeintlich Richtige zu bewirken, treibt ihn zu neuen Ufern. Die damals noch starke Kommunistische Partei Luxemburgs, die politische Heimat vieler seiner Familienangehörigen, kommt wegen der Irrwege des realen Sozialismus in der Sowjetunion und in Osteuropa für François Bausch nicht in Frage. Auch zu den Maoisten hat er keinen Draht. So findet er durch Gewerkschaftsfreunde wie Jean-Pierre Lulling und Abbes Jacoby zur linken Splittergruppe der Trotzkisten. Um ihre zahlenmäßige Schwäche auszugleichen, entwickeln die Spätanhänger des in den Zwanzigerjahren in Sowjetrussland von Stalin ausgeschalteten Lenin-Getreuen Leo Trotzky den „Entrismus": Ihre Mitglieder infiltrieren große linke Organisationen wie Jugendverbände, Gewerkschaften, gesellschaftliche Initiativen und sozialistische Parteien mit dem Ziel, dort trotzkistische Positionen einzuschleusen.

Auf der Suche nach seiner wahren politischen Heimat gerät François Bausch immer wieder ins Schwanken. Jahrelang pendelt er zwischen linksextremen Träumereien und sozialdemokratischem Pragmatismus hin und her. Mal versucht er wie ein Doppelagent die Jungsozialisten und die Partei mit radikalen Ideen zu unterwandern, dann wieder steht er treu zur LSAP, wenn auch immer an ihrem linken Flügel. Bis 1984 bleibt er Mitglied der sozialistischen Partei.

Am linken Rand des politischen Spektrums drehen sich die politischen Auseinandersetzungen in den frühen Achtzigerjahren vornehmlich um tiefgreifende wirtschaftliche und soziale Reformen wie die Verstaatlichung der Schlüsselindustrien, die Verkürzung der Arbeitszeit durch die Einführung der 35- oder 36-Stunden-Woche ohne Lohnausfall und die Herabsetzung des Pensionsalters zur Bekämpfung der Arbeitslosigkeit. Die Anhänger der verschiedenen linken Gruppierungen streiten auch über die richtige Opposition gegen die atomare Aufrüstung der USA und ihrer Verbündeten im Rahmen des NATO-Doppelbeschlusses, sowie über die Kernspaltung als angebliche Energiequelle der Zukunft. Andere Streitfragen betreffen die Solidarität mit den Völkern der Dritten Welt, die Unterstützung der Befreiungsorganisationen in El Salvador, Guatemala und Nicaragua, sowie die Haltung gegenüber der verbotenen polnischen Gewerkschaft *Solidarnosc*.

Wie überall vertreten auch in Luxemburg die radikalen Linken die kompromissloseren Standpunkte, während die Gemäßigten davor warnen, die Welt allzu dualistisch in Gut und Böse aufzuteilen. Entsprechend machen sich zwei Strömungen die Friedensbewegung streitig: das *Lëtzebuerger Friddenskomitee* mit Kommunisten und Extremlinken sowie die *Aktioun fir de Fridden*, in der sich Sozialisten und Linkskatholiken wiederfinden. Letzere werfen Ersteren eine undifferenzierte antiwestliche Grundhaltung sowie die grobe Unterschätzung der atomaren Bedrohung durch die Sowjetunion und den Warschauer Pakt vor. Die Radikalen unterstellen ihrerseits den gemäßigten Sozialisten, die NATO schonen zu wollen.

Im Mai 1982 gehen beide Gruppierungen in Luxemburg mit 3.500 Teilnehmern gegen den NATO-Doppelbeschluss gemeinsam auf die Straße. Einen Monat später demonstrieren 350.000 Menschen in der bundesdeutschen Hauptstadt am Rande eines NATO-Gipfeltreffens unter dem Motto „Aufstehn für den Frieden". Nicht nur deutsche Demonstranten sind früh aufgestanden, denn, obwohl er sie unter den vielen Menschen auf den Bonner Rheinwiesen wohl kaum ausmachen kann, schreibt der Journalist Mars Di Bartolomeo im *Tageblatt*: „Es [waren] auch vereinzelte Luxemburger mit von der Partie." Di Bartolomeo weiß das, weil er auf dem Weg zur Demonstration an einer Autobahnraststätte François Bausch und Abbes Jacoby getroffen hatte.

In einem Leserbrief zum Thema *Die LSAP und der Internationalismus* zitiert François Bausch etwa um dieselbe Zeit aus dem Buch *Retournez les fusils* seines Schweizer Idols Jean Ziegler. Zudem wirft er im Brief der sozialistischen Partei vor, sie vernachlässige es „sträflich, die Befreiungsbewegungen der Dritten Welt zu unterstützen". Er warte „schon seit einiger Zeit darauf, dass die LSAP im Abgeordnetenhaus eine Motion zur Anerkennung des FDR-FMNL El Salvadors einbringt" und belehrt die führenden Genossen: „Na dann mal los, es bleibt noch viel zu tun, packen wir es an!" Die Solidarität mit den Völkern der Dritten Welt sieht er auch in ihrer wirtschaftlichen Dimension und prangert das Tragen von Turnschuhen aus Taiwan und Hemden aus Indonesien an.

Als sich die freie Gewerkschaft *Solidarnosc* in Polen gegen das kommunistische Regime auflehnt, reagiert die Arbeiterbewegung im Westen gespalten. In Luxemburg legen die Freien Gewerkschaften allesamt Lippenbekenntnisse für Lech Walesa und seine Kampfgenossen ab. Allerdings überlassen John Castegnaro und Co. aufgrund des katholischen Einschlags der Polen gerne dem LCGB die innigsten Solidaritätsbekundungen. Die Trotzkisten sehen in der polnischen Bewegung einen unverfälschten Arbeiteraufstand, den es zu unterstützen gilt, während die moskautreuen Kommunisten eisig gegen das konterrevolutionäre Agieren der Pfaffengewerkschaft im sowjetischen Herrschaftsgebiet hetzen.

François Bausch nimmt zu der Zeit als Vertreter der FNCTTFEL-Jugend am Kongress der *Jeunesse Communiste Luxembourgeoise* teil. Dort kommt es bei einer Auseinandersetzung über Polen zum Eklat. Wie er später im *Signal* dokumentiert, muss er mit ansehen, wie „primitive Ausfälle gegen Gewerkschafter und insbesondere gegen Gewerkschafter von *Solidarnosc* vorgetragen wurden". Er verlässt umgehend unter Protest den Saal.

Bauschs ideologische Rührigkeit lässt ihn in dieser Phase bisweilen Zeit und Pflicht vergessen. Sein früherer Arbeitskollege Pierre Bertemes erzählt schelmisch von einer politischen Diskussion unter Kollegen in der Einsatzzentrale der Zugführer im Bahnhof Luxemburg: „*Fränz* predigt wieder mal mit Leidenschaft die Weltrevolution, als das Diensttelefon klingelt und der Aufsichtsbeamte aufgeregt meldet, in Berchem sei der Zug nach Esch gerade ohne Begleiter eingefahren." Zugführer Bausch hatte im ideologischen Eifer seinen Dienstantritt verpasst.

1982 durchlebt die Luxemburger Wirtschaft eine ernste Rezessionsphase. Die Absatzkrise auf dem Stahlmarkt und der Arbeitsplatzabbau bei der ARBED halten seit Jahren an. Am 22. Februar wertet Belgien ohne Rücksprache mit der luxemburgischen Regierung die gemeinsame Währung um 8,5 Prozent ab. Die CSV-DP-Regierung entscheidet sich für eine strenge Austeritätspolitik, deren Knackpunkt die Absicht ist, die automatische Anpassung der Löhne und Gehälter an die Preisentwicklung außer Kraft zu setzen. Am 27. März antworten die Gewerkschaften mit einem Protestmarsch, an dem 40.000 Menschen teilnehmen. Eine Woche später, am 5. April, folgen 80.000 Arbeitnehmer dem Aufruf zum Generalstreik. Am Samstag vor dem Streik schreibt die Journalistin Viviane Reding im *Luxemburger Wort*: „Wie wir erfahren konnten, droht den zahlreichen CFL-Beamten und Arbeitern, die gewillt sind am Montag zu arbeiten, keine Aussperrung vonseiten der CFL-Direktion." Ungeachtet dieser wenig Sinn ergebenden Ankündigung der CSV-Abgeordneten versperren am besagten Tag am Hauptbahnhof in Luxemburg Gewerkschafter den Eingang zur Generaldirektion der Eisenbahngesellschaft. In ihrer Mitte steht François Bausch in Uniform und mit Dienstkappe. Um seinen Hals baumelt eine große Tafel mit der handgeschriebenen Losung:

„Kollege bedenke
Abseits ist nicht nur beim Fußball falsch
Darum: Kämpfe mit für die Erhaltung unserer Kaufkraft"

Am Nachmittag des Streiktages verabschiedet die Abgeordnetenkammer das umstrittene Gesetz, das die krisenbedingten Sondermaßnahmen einführt. Aus der Feder von Jacques Drescher heißt es am Tag danach im *Tageblatt*: „Es war gegen 16.00 Uhr als die sozialistische Fraktion gestern Nachmittag den Plenarsaal betrat, wo vordem der CSV-Fraktionschef sein blindes Vertrauen in die Austeritätspolitik der Regierung und in das ungeheuerliche Antisalariatsgesetz bekundet hatte. Dass die Sozialisten die Ausführungen der Mehrheitssprecher boykottiert hatten, wurde von den etwa 50 auf der Parlamentstribüne anwesenden Zuhörern jubelnd begrüßt, so dass Kammerpräsident Bollendorf aus dem Klingeln nicht mehr herauskam." Zu den besagten Protestlern gehören auch François Bausch und der OGBL-Jugendgewerkschafter Lucien Lux. Das *Tageblatt* schreibt weiter: „Als Benny Berg (...) und die sozialistische Fraktion geschlossen den Plenarsaal verließen, taten sie dies unter dem lauten Beifall der auf der Tribüne anwesenden Zuhörer." Einige Flugblätter segeln auf die Köpfe der Parlamentarier. François Bausch glaubt sich zu erinnern, dass sie auch Mehl in den Saal streuten. Da das Kammerreglement den Besuchern jede Meinungsbekundung untersagt, sieht sich Kammerpräsident Léon Bollendorf veranlasst, die Tribüne von bewaffneten Ordnungshütern räumen zu lassen.

So endet der erste Besuch von Lucien Lux und François Bausch am Krautmarkt. Sieben Jahre später werden beide als Abgeordnete ins Parlament einziehen, der eine für die *Lëtzebuerger Sozialistesch Aarbechterpartei* (LSAP), der andere für die *Gréng Alternativ Partei* (GAP).

In der Jugendabteilung der FNCTTFEL besetzen Anfang der Achtzigerjahre mehrere Trotzkisten einflussreiche Posten. Die LCR-Aktivisten verstehen es, ihre politischen Analysen in die Gewerkschaft hineinzutragen und zunehmend Einfluss auf die Ausrichtung des Verbandes zu erlangen. Auf Betreiben der Jugendsektion radikalisiert sich der Landesverband nach dem Generalstreik. Die FNCTTFEL beschließt, die

Sozialpartnerschaft in Form der nationalen Dreierkonferenz abzulehnen, was zu Spannungen in der Verbandsführung und zu erheblichen Verwerfungen in den Beziehungen mit dem befreundeten OGBL führt. „François Bausch stellte fest, dass die *Tripartite* die Reaktionsfähigkeit der Gewerkschaften gehemmt habe", schreibt *Tageblatt*-Redakteur Mars Di Bartolomeo in seinem Bericht über den Kongress vom Oktober 1982. Die radikale Forderung der Jugendabteilung, sich nicht mehr mit der CSV-DP-Regierung an einen Tisch zu setzen, lehnt der Kongress jedoch ab.

Neben der Gewerkschaft will François Bausch auch die sozialistische Partei auf einen unversöhnlichen Kurs gegenüber Regierung und Patronat einschwören. Er ist davon überzeugt, dass die vom erfolgreichen Generalstreik erzeugte Dynamik politisch genutzt werden muss und schreibt in einem Leserbrief: „Die Sozialisten sollten den Kreisen der Unternehmer deutlich machen, dass sie gestützt auf die schaffende Bevölkerung des Landes andere Mittel zur Lösung dieser Krise ausarbeiten können."

Als Plattform bietet sich ihm die durchaus lebhafte LSAP-Sektion *al Gemeng Eech* an, zu der Weimerskirch, wo er seit kurzem wieder wohnt, gehört. In der Öffentlichkeit fallen die jungen Wilden aus den nördlichen Vororten der Hauptstadt durch originelle und spritzige Aktionen auf. Wolfgang „Dulli" Frühauf und René Kollwelter, neben Jeannot Krecké, François Bausch und Yves Mersch die maßgebenden Mitglieder der Sektion, propagieren „ein neues Modell für Luxemburg" und verfassen dazu eine 60-seitige Broschüre. Der Untertitel *Manifeste pour une sidérurgie nationalisée, moteur d'une nouvelle politique industrielle* ist ein Hinweis auf die zentrale Forderung der Sektion nach der Verstaatlichung der ARBED. Einige Monate zuvor hatte die linke Mehrheit in Paris unter dem sozialistischen Präsidenten François Mitterrand per Gesetz beschlossen, fünf französische Industriekonzerne, 39 Banken und die Finanzgruppen Paribas und Suez zu verstaatlichen.

In Luxemburg soll ein Jahr vor den Parlamentswahlen vom Juni 1984 ein LSAP-Kongress die Ausrichtung der Partei frühzeitig festlegen. Der gemäßigten Haltung der Parteileitung setzt die *al Gemeng Eech* einen von François Bausch mitverfassten Alternativentwurf entgegen. Er und René Kollwelter ergreifen auf dem Kongress das Wort und fordern, dass die Nationalisierung der Stahlindustrie in das Wahlprogramm der sozialistischen Partei eingeschrieben, dass die 35-Stunden-Woche ohne Lohneinbußen gefordert und dass versprochen wird, die Löhne und Gehälter wieder an die Preisentwicklung anzupassen sowie die bis dahin verlorenen Indextranchen rückwirkend auszuzahlen.

Die LSAP-Parteileitung weist die Forderungen der Eicher Sektion aufgrund ihrer Radikalität zurück. Zwar befürwortet sie die nationale Kontrolle der ARBED, lehnt aber deren Verstaatlichung ab. Bei der 35-Stunden-Woche ohne Lohnverluste will sie die Entwicklung in den Nachbarländern abwarten. Den Indexmechanismus ist sie gewillt wieder einzuführen, spricht sich aber strikt gegen die volle Entschädigung der vergangenen Indexverluste aus. Als nach langen Diskussionen mit viel Zustimmung für die Eicher Forderungen auch der Differdinger Bürgermeister Nic Eickmann eine Lanze für die Nationalisierung der Großindustrie bricht, beschließt die Parteileitung, die strittigen Punkte zu vertagen.

Einige Monate später lehnt der nach mehreren regionalen Konferenzen zu diesen Themen einberufene Wirtschaftskongress die Verstaatlichung der ARBED und das neue Modell Luxemburg mit großer Mehrheit ab.

Etwa um dieselbe Zeit kommt es bei einem gemütlichen Essen in der guten Stube eines Freundes in Mühlenbach zu einer Auseinandersetzung unter den hauptstädtischen Jungsozialisten. Aus heiterem Himmel fragt François Bauschs Freundin, weshalb er eigentlich gleichzeitig bei den Sozialisten und bei den Trotzkisten aktiv sei. Als Serge Allegrezza das hört, fühlt er sich von seinem Mit-Juso auf den Arm genommen. Der bekennende Sozialdemokrat ist über das Doppelleben des Genossen empört und wirft ihm Verrat vor. Der Abend endet in endlosen Streitgesprächen: Die spätere Grünen-Abgeordnete Josée Lorschè ergreift Partei für Bausch, andere wettern gegen ihn, sämtliche Schlichtungsversuche des Gastgebers scheitern. Zwischen Bausch und Allegrezza bricht eine Eiszeit an, die den heutigen STATEC-Direktor aber nicht daran hindert, dem Werdegang seines damaligen Kontrahenten großen Respekt zu zollen. Wenig später verlässt Genosse Bausch die LCR dann doch endgültig.

Das politische Unterseeboot François Bausch taucht auf und fährt kampfbereit in den LSAP-Hafen zurück. Den Wahlkampf für die Parlamentswahlen von 1984 führt er auf der Seite der Sozialisten. Bausch ist einer der wagemutigen Jusos, die dem Pferd des alten Wilhelm II. auf dem *Knuedler* ein Wahlplakat auf die Hinterkeule kleben, was ihm und seinen allzu kühnen Kollegen eine Standpauke von LSAP-Fraktionspräsident Benny Berg einbringt, der durch derartige Sponti-Aktionen den erwarteten Wahlsieg bedroht sieht. Ein Plakat, das sie in der gleichen Nacht in der *Route d'Arlon* an die Fassade des Gebäudes mit der Hausnummer 26 anpappen, müssen sie auf Geheiß der dort ansässigen Schweizer Bank eigenhändig wieder entfernen. Es ist genau das Gebäude, in das unter Verkehrsminister François Bausch gut 30 Jahre später der *Verkéiersverbond* einziehen wird.

Die Sozialisten gewinnen die Parlamentswahl vom 17. Juni 1984 haushoch – der bislang letzte berauschende Wahlsieg der LSAP. Mit sieben zusätzlichen Sitzen steigt die Zahl ihrer Abgeordneten auf 21, die CSV hat deren 25 und die DP nur mehr 14. Nach einem derartigen Wahlerfolg ist der Eintritt in die Regierung eine Selbstverständlichkeit.

Nicht für François Bausch. Am 19. Juli tritt er im Casino Syndical in Bonneweg vor die Delegierten des LSAP-Kongresses und rät seiner

Partei, die Finger von einer Regierungsbeteiligung mit der CSV zu lassen, da sie zur Verwässerung der sozialistischen Positionen führe und eine schlagkräftige Opposition mehr erreichen könne als ein halbes Dutzend vom Koalitionspartner gezähmte Regierungsmitglieder. Angesichts des Kräfteverhältnisses könne er sich auch eine rot-blaue Alternative unter sozialistischer Führung vorstellen. Beim abschließenden Votum stimmen 311 Kongressdelegierte für die Koalition mit der CSV, lediglich vier Parteigenossen teilen Bauschs Ablehnung. So krass in die Minderheit versetzt fühlt er sich endgültig nicht mehr in der sozialistischen Partei zu Hause. Er gibt nicht auf spektakuläre Weise sein Parteibuch zurück und schreibt auch keinen flammenden Leserbrief gegen die Partei. Er lässt seine Mitgliedschaft einfach auslaufen.

* * *

Im Rückblick sind die wenigsten Mitkämpfer der Generation Bausch aus der Gewerkschaftsjugend im besagten LSAP-Hafen geblieben. War in den Sechzigerjahren, zu Zeiten eines Josy Konz, eines René Bleser oder eines Nico Wennmacher die Jugend der Eisenbahnergewerkschaft noch ein Nachwuchsbecken für die Sozialisten, so verlassen ab den Achtzigerjahren viele junge FNCTTFEL-Mitglieder, auch dank der Überzeugungskraft von François Bausch, die Partei. Einige folgen ihm später zu den Grünen, andere finden ihre neue ideologische Heimat links der Sozialdemokratie. Der junge Eisenbahner Jean-Claude Thümmel etwa arbeitete mit Bausch in der Gewerkschaftsjugend und bei den Jusos zusammen. Heute ist der ehemalige FNCTTFEL-Präsident (2015–2017) ein unabhängiger Freigeist links vom einheimischen Parteienspektrum. Andere geben ihr Engagement ganz auf oder finden den Weg zu *Déi Lénk*.

3. Der Aufbau Grün

Nachdem François Bausch endgültig einen Schlussstrich unter seine Zeit bei der sozialistischen Partei gezogen hat, läuft mit Erreichen der obersten Altersgrenze bald auch sein Mandat als Sekretär der Jugendabteilung der Eisenbahnergewerkschaft aus. Es ist wieder einer dieser Augenblicke, in denen ihm dämmert, dass „dat dach net alles ka gewiescht sinn". Aber diesmal lässt er sich Zeit.

Beim Immigrationsfestival des CLAE in den Ausstellungshallen auf dem Kirchberg trifft er 1986 Abbes Jacoby wieder. Sein Kampfgefährte aus Gewerkschaftsjugend und LCR ist seit einem Jahr Mitglied der Grünen. Er nimmt am 13. Juni 1986 François Bausch in die *Gréng Alternativ Partei* (GAP) auf. Einige Wochen sind erst seit dem Super-GAU von Tschernobyl vergangen, aber Bauschs Parteibeitritt erfolgt nicht ausdrücklich wegen der Nuklearkatastrophe. Auch ist er kein typischer Umweltschützer. Der frühere Sozialist, Trotzkist und Gewerkschafter kommt nicht aus Naturschutzkreisen und wird nicht zum Ökologisten, um Veilchen, Vögelchen und andere Tierchen zu retten.

Bausch tritt der noch jungen Partei vor allem deshalb bei, weil er wittert, dass er hier die Gesellschaft in seinem Sinne verändern kann. Er strotzt vor politischen Überzeugungen und Lebensidealen, die er verwirklichen will. Aber möglichst auf seine Weise und bitte in der ersten Reihe. So sieht es auch Jean Geisbusch, Gründungsmitglied der GAP, der sich nach anfänglich großer Sympathie bald immer weiter von François Bausch distanziert. „Kaum dabei, startete er gleich von null auf hundert", erinnert er sich und beschreibt ihn als hyperaktiv und strebsam. Geisbusch zufolge war sein Motto von Anfang an „Ellbogen raus".

Die GAP ist zu der Zeit das, was der Politologe Ilvo Diamanti später über die italienische Fünf-Sterne-Bewegung des Komikers Beppe Grillo schreibt: „[…] un autobus dans lequel on monte pour diverses raisons et diverses destinations". Abbes Jacoby nennt die grüne Partei von damals „einen chaotischen Club, der durch vage ökologische Ideen zusammengehalten wurde. Sie glich einem großen Feld, das noch zu bestellen war."

1985 entschließen sich vier „Ex-K-Grüppler und Alt-Maoisten", wie sie etwas lapidar genannt werden, diesen Acker zu pflügen. Gilbert Grosbusch, Robert Medernach, Jules Housse und Vic Mathias bringen die junge Partei unter ihre Kontrolle. Aus Protest gegen ihre Methoden treten im gleichen Jahr 19 Gründungsmitglieder aus, darunter grüne Schwergewichte wie Thers Bodé und Robert Garcia, aber auch Persönlichkeiten, die danach in anderen Bereichen aktiv werden wie die Präsidentin des Syndikats *Erziehung und Wissenschaft* Monique Adam und der spätere OGBL-Präsident Jean-Claude Reding.

Als die „Viererbande" aus den Führungsgremien der Partei abgesetzt wird, versteht sie es, über die links-alternative Zeitschrift *Perspektiv* weiter starken Einfluss auszuüben. Darin werfen die Ideologen Grosbusch und Medernach den „reinen Ökologen" vor, sich auf umweltschützerische Aktionen zu beschränken statt systemkritische Positionen einzunehmen. Der Begriff „Ökologe" ist für sie ein Schimpfwort. Ihr Ziel ist eine antikapitalistische Wirtschaftsstruktur. Die von gemäßigten Mitgliedern verwendete Terminologie der „ökologischen Marktwirtschaft" betrachten sie daher als Verrat an den Werten der Partei. Sie beschreiben ihre internen Gegner als „reformerisch linksliberal orientierte Mitglieder, die eine Art grüngefärbte DP wollen, Technokraten, sogenannte linke Kräfte denen eine ökologisch orientierte, radikale LSAP vorschwebt".

Die „Viererbande" richtet sich derweil innerhalb der GAP unter dem Namen *Tendenz Antonio Gramsci* als Strömung ein und predigt den radikalen Neubeginn. „Sie versuchten uns mit unendlich langen Texten mürbe zu machen", erinnert sich Abbes Jacoby an ihre Methoden. Aber da auch er und Bausch Erfahrung in einer linksradikalen Gruppierung gesammelt hatten, „kannten wir ihre Überlegungen und wussten, wie wir damit umgehen mussten". François Bausch legt sich ab der ersten Vollversammlung der Grünen, an der er teilnimmt, mit Grosbusch an. Es folgt ein Tauziehen um die Ausrichtung der Partei, das Ende 1988 mit dem Ausschluss der Gramsci-Fraktion aus der grün-alternativen Partei entschieden wird. Für die Grünen als politische Kraft ist dies ein wichtiger Schritt in Richtung der „real existierenden Welt".

Im Juni 1989 werden Jean Huss und François Bausch für die GAP ins Parlament gewählt. Hier überlässt der Routinier *Muck* Huss seinem zehn Jahre jüngeren Abgeordnetenkollegen bereitwillig die Medienarbeit. In erster Linie, damit sich dieser in der Öffentlichkeit positionieren kann, wohl aber auch, weil das permanente Auftreten vor Mikrofon und Kamera nicht seinem Naturell entspricht.

Die Ära Bausch beginnt. In einem *Land*-Interview erklärt der Politiker Jahre später, wie sich die grüne Politik seit seinem Antritt am Krautmarkt verändert hat. „Vor 1989 taten sich die Grün-Alternativen dadurch hervor, dass sie mit spektakulären Gesten und schematischen Slogans Alternativen aufzeigten. Das war notwendig, um zu bewirken, dass die Probleme, die sie beschäftigen, überhaupt auf die Tagesordnung gesetzt wurden." Nach 1989 hätten Huss und er die anfallenden Themen aufgegriffen und sie realitätsbezogen verarbeitet, um die politischen Standpunkte der GAP einzubringen. „Unser Vorgehen ist nicht unumstritten", räumt er damals ein. „Dem einen oder anderen passt die realpolitische Nase nicht."

Selbstbewusst macht sich der 33-Jährige an die Arbeit, um die grüne politische Bewegung nach seinen Vorstellungen zu formen. Seine erste Priorität gilt der Einigung der Grünen. Die Gramsci-Klammer ist geschlossen, aber die Wunde des Zwistes mit der Gruppierung von Jup Weber klafft weiter. „Ich war schon sehr früh der Meinung, dass die Spaltung irgendwann zu Ende sein müsste", vertraut François Bausch dem Chronisten Mike Richartz an, der Anfang der Neunzigerjahre eine Abschlussarbeit zum zehnjährigen Bestehen der GAP verfasst. „Am Anfang war das keine konkrete Idee, allerdings wurde mir, zumal in der parlamentarischen Arbeit mit der GLEI, immer klarer, dass es so schnell wie möglich geschehen müsste."

Bauschs ungeduldiges Drängen auf eine Einigung strapaziert allmählich die Nerven so mancher GAP-Verantwortlicher. Viele von ihnen sehen in Jup Weber nur einen Opportunisten, einen Clown, mit dem sie nach Jahren der Auseinandersetzung nichts mehr zu tun haben möchten. Gleichzeitig stellt der neue Parlamentarier die „heilige Kuh" der Rotation in Frage, das Prinzip, laut dem die GAP-Abgeordneten ihre Ämter zur Hälfte der Legislaturperiode an die Nächstgewählten abgeben müssen. François Bausch gerät dadurch bald in erhebliche innerparteiliche Schwierigkeiten. Jean Geisbusch befürwortet das Rotationsprinzip und lästert: „E fäert, e misst mat der wäisser Kap zréck op d'Bunn goën."

Als 1992 die Gespräche über eine engere Zusammenarbeit mit der GLEI beginnen, sind die GAP-Unterhändler von der Kompromissbereitschaft der Leute um Jup Weber überrascht. Es sieht aus, als ob die GLEI inhaltliche Fragen zurückstellt, sofern dabei für ihre Verantwortlichen viele und gute Listenplätze bei den anstehenden Kommunalwahlen (Oktober 1993) sowie den Landes- und Europawahlen (Juni 1994) herausspringen. Im November 1992 unterzeichnen Georges Ney für die GAP und Felix Braz im Namen der GLEI eine gemeinsame Plattform für die drei anstehenden Wahlgänge.

Die Einigung gerät noch einmal ins Wanken, als Jup Weber den Platz des Spitzenkandidaten auf der Wahlliste der Stadt Luxemburg für sich beansprucht. Um den Bruch zu vermeiden, schlägt François Bausch eine Vermittlungsaktion durch „befreundete" Persönlichkeiten vor. Dieser Gruppe, bestehend aus Camille Gira (später Grünen-Abgeordneter und Staatssekretär), Marco Schank (später Generalsekretär, Abgeordneter und Minister der CSV), Michel Pauly und Rosch Krieps, gelingt es, die gemeinsame Wahlplattform zu retten. Jup Weber kandidiert nicht in der Hauptstadt, sondern in Junglinster. Die GLEI setzt dafür aber ihre Forderung durch, die gemeinsamen Listen entgegen der alphabetischen Reihenfolge *Déi Gréng – GLEI-GAP* zu nennen, mit dem Argument, die Gruppierung mit den meisten Stimmen bei den letzten Wahlen habe vorne zu stehen. In der Tat hatte 1989 die GLEI landesweit 3,8 Prozent der Stimmen erhalten, die GAP 3,7 Prozent. Nach den drei Wahlgängen findet am 10. Dezember 1994 der Einigungsprozess mit der Gründung einer neuen Partei seinen Abschluss. Sie trägt ab sofort den Namen *Déi Gréng*. Die Grün-Alternativen lösen die GAP auf.

* * *

Nachdem das Mauerwerk des neuen grünen Hauses mehr oder weniger solide steht, beginnt François Bausch mit den Arbeiten an der Inneneinrichtung. Nach langen Jahren, in denen sich die Grünen mit ideologischen Prinzipienfragen und persönlichen Machtkämpfen verschlissen haben, packen sie nun die Themen, die sie beschäftigen, konkret an. Die radikale Sponti-Periode ist vorüber, die Zeit ist gekommen, machbare Alternativen auszuarbeiten. Inhaltlich kann die neue Partei *Déi Gréng* auf das Fundament bauen, das unter dem Impuls von Bausch zu GAP-Zeiten geschaffen wurde.

Bereits 1990 veröffentlicht die grün-alternative Partei mit einem Thesenblatt zur Steuerpolitik ein erstes Dokument zu einem aktuellen politischen Thema. Nachdem Finanzminister Jean-Claude Juncker angesichts der traumhaften Wachstumsraten der Luxemburger Wirtschaft

Steuersenkungen angekündigt hat, geht François Bausch auf Konfrontationskurs mit der schwarz-roten Regierung und fordert eine vertiefte Steuerreform anstelle von Geschenken. *Gegensteuern statt Steuerreform* heißt das grüne Gegendokument. „Das Geld einfach unter die Leute zu bringen ist nicht sehr schwierig, zumal wenn man im Überfluss darüber verfügt", schreibt er im *Lëtzebuerger Land*. Ein Jahrzehnt später widersetzt sich Bausch mit den gleichen Argumenten der Steuerreform der CSV-DP-Koalition, die vor allem eine drastische Herabsetzung des Spitzensteuersatzes und der Betriebssteuern beinhaltet. Der heutige STATEC-Direktor Serge Allegrezza erinnert sich an die mutige Haltung seines Weggenossen aus Jusozeiten: „Da hat *Fränz* mich stark beeindruckt. Statt publikumswirksam Steuern zu senken wäre zweifellos die bessere Alternative gewesen, das Geld für die Zukunft auf die hohe Kante zu legen."

François Bausch ist sich seit langem der Bedeutung einer guten Öffentlichkeitsarbeit bewusst. „Kommunikation ist alles" heißt sein Kredo. Das Thema begeistert ihn seit den Siebzigerjahren, als Pierre Puth ihn mit seinem Referat über die Macht der Medien aufrüttelt und den Grundstein für seine politische Bewusstseinsbildung legt. Gleich nachdem er Mitglied der grün-alternativen Partei geworden ist, setzt er sich für die Schaffung einer grünen Wochenzeitung ein. Es soll kein Parteiblatt werden, sondern ein Presseorgan, das grüne Belange thematisiert und kontroverse Streitgespräche organisiert.

Im Oktober 1988 erscheint, in der Nachfolge der *Perspektiv*, die Nullnummer des *Gréngespoun*. François Bausch gehört zusammen mit Richard Graf, Jean Huss, Abbes Jacoby, Romain Roden und Renée Wagener der ersten Redaktionsmannschaft an. Die grün-alternative Zeitung emanzipiert sich mit der Zeit gegenüber der Partei und während der konfliktreichen Periode um Rotation und Wiedervereinigung kündigt Bausch seine Mitarbeit in der Redaktion auf. Die *Woxx*, das

Nachfolgeblatt des *Gréngespoun*, das sich *déi aner Wochenzeitung* nennt, distanziert sich vollkommen von der grünen Partei. Einer ihrer fleißigsten Redakteure war der spätere Parlamentarier David Wagner von *Déi Lénk*. Von der ursprünglichen Redaktion bleiben Richard Graf (auch Geschäftsführer der Genossenschaft) und Renée Wagener (in Teilzeit) als Mitarbeiter übrig. François Bausch besitzt noch symbolisch die Anteile der Genossenschaft, die er zu Anfang des Projektes erworben hat.

Da die Parteiarbeit auch nach außen hin seriös wirken soll, wird Mitte der Neunzigerjahre der Zeit der unkontrollierten Zwischenrufe ein Ende gesetzt. Für jede offizielle Verlautbarung sind nun der Sprecher und die Sprecherin der Partei zuständig. Ein Kodex schreibt den Mitgliedern, auch den Mandatsträgern, vor, bei persönlichen Stellungnahmen auf ihre Wortwahl zu achten. Es soll künftig nicht mehr, wie bislang üblich, „Wir Grünen meinen, dass ..." heißen, sondern „Meiner Meinung nach sollten die Grünen ...". Die konkrete Arbeit und die neuen Methoden der Öffentlichkeitsarbeit tragen ihre Früchte. „*Fränz* hat das Talent, die richtigen Momente herauszuwählen, um gut in der Presse herauszukommen", kommentiert eine langjährige Mitstreiterin. Am Ende der fünfjährigen Legislaturperiode blickt die erste Grünen-Fraktion 1999 auf 403 parlamentarische Anfragen, 16 Interpellationen und 12 Gesetzesvorschläge zurück. Getreu dem Gespür von François Bausch hatte sie zu nicht weniger als 38 Pressekonferenzen eingeladen.

Am Ende des Jahres 2000 zählen *Déi Gréng* 260 Mitglieder, fünf Abgeordnete und ein Mitglied des Staatsrates. Ein harter Kern von 50 Mitgliedern nimmt regelmäßig an den Kongressen teil. Doch alles kann nicht rund laufen.

Bereits 1997 gerät der Exekutivrat mit dem früheren Abgeordneten Jean Geisbusch aneinander. Das oberste Gremium der Partei kritisiert dessen polemischen Ton bei einer Pressekonferenz zum Thema der

Trennung von Kirche und Staat. In einem Brief weist Geisbusch den Tadel empört zurück und geißelt seinerseits „l'affirmation d'un mandataire vert à l'occasion de l'émission *Chefredakter* (...) comme quoi il n'aurait nullement l'intention d'abolir le Te Deum le jour de la Fête Nationale". Der visierte Volksvertreter, der am RTL-Mikro kundtat, das Te Deum nicht abschaffen zu wollen, ist François Bausch.

Die blau-rot-grüne Regierung, der er angehört, wird knapp 20 Jahre später die Heilige Messe am Nationalfeiertag in der Tat nicht abschaffen, sie aber in die religiöse Nische entlassen, in die sie ihrer Meinung nach gehört. Jean Geisbusch tritt derweil seinen Austritt aus der grünen Partei an. 1999 kandidiert er noch für Gemeinderat und Parlament, setzt sich jedoch im Wahlkampf nur mäßig ein und wird nicht wiedergewählt. Danach stuft er seinen finanziellen Parteibeitrag von Jahr zu Jahr um einige Euro Richtung Null zurück.

Mittlerweile hat die grüne Partei ihre Öffentlichkeitsarbeit professionalisiert. Ist das Heranziehen von außerparteilichen Fachleuten in den Anfangsjahren noch verpönt, so sehen die Verantwortlichen schnell ein, dass es ohne fachkundige Beratung nicht geht.

Bei der Ausarbeitung der richtigen Strategie tragen sie auch den Erkenntnissen aus bestellten Meinungsumfragen Rechnung. „Mir schaudert, wenn ich daran denke, dass Politiker sich von Umfrageinstituten sagen lassen, welche Politik sie machen sollen", lehnt Jean Geisbusch diese Methode heute noch ab. François Bausch und Abbes Jacoby sehen das anders. „Uns muss doch interessieren, weshalb Menschen bereit sind, Grün zu wählen und weshalb andere es nicht tun." Ihnen geht es darum, ihr Wählerpotenzial möglichst genau zu kennen. „Es ist wichtig zu wissen, was die Wähler interessiert." Die deutsche Werbeagentur *Zum Goldenen Hirschen* berät die Grünen zu Beginn der Nullerjahre. Sie hat bereits die deutschen Grünen betreut und verfügt über die nötige

Kompetenz und Erfahrung. Die etwas andere Beraterfirma aus Berlin bezeichnet sich selber als unkonventionell, disruptiv und ein bisschen wahnsinnig.

Unter dem Impuls der *Hirsche* setzen die Grünen verschiedene Themenbereiche mit ihren jeweiligen Spitzenleuten in Verbindung. Den Bereich der Wirtschaft besetzt François Bausch, der sich mit vollem Einsatz um die wirtschaftspolitische Glaubwürdigkeit der Partei bemüht. Seine Stichworte, und die wiederholt er immer wieder, sind eine ökologische Steuerreform, die Förderung der Umwelttechnologien, die Umverteilung der Arbeit und die Reform des Sozialstaats im Sinn einer besseren Erfassung der wirklich Bedürftigen. Auf internationaler und europäischer Ebene fordert er soziale und ökologische Mindeststandards und die Umsatzsteuer auf dem Devisenhandel (*Tobin Tax*). Aber: Bei einer internen Umfrage im Jahr 2000 finden 76 Prozent der eigenen Leute, dass es den Grünen immer noch nicht gelingt, ihre Ideen in der Wirtschaftspolitik auf nationalem Plan durchzusetzen.

Einen neuen Anlauf, ihr wirtschaftspolitisches Erwachsensein zu beweisen, starten sie vor den Wahlen von 2004. *Neues Kapital für Luxemburg* heißen die zehn Vorschläge für eine bessere Wirtschaftspolitik. Sie setzen auf Innovation, wirtschaftliche Nischen und Solidarökonomie, fordern eine ökologische Steuerreform, die Entlastung des Faktors Arbeit und eine stärkere Belastung des Energieverbrauchs. „*Déi Gréng* auf der Suche nach Wirtschaftskompetenz" titelt skeptisch der liberale *Journal*. Das *Luxemburger Wort* sieht wohlwollend „eine Marketingstrategie für das Unternehmen Luxemburg". Etwa zu der Zeit lernt der heutige belgische Europaabgeordnete Philippe Lamberts seinen Parteifreund François Bausch kennen. Auch Lamberts pocht auf die Wichtigkeit der wirtschaftlichen Kompetenz der grünen Parteien. Dass den Grünen wenig wirtschaftliches Fachwissen zugetraut wird, ist für den Mathematikingenieur, der 22 Jahre beruflich im Herzen von Industrie und Handel tätig war, unerträglich. Er teilt diese Überzeugung mit François Bausch, dessen ökonomische Ansichten von seiner gewerkschaftlichen Erfahrung und zahlreichen Bildungskursen in Betriebs- und Volkswirtschaft geprägt sind.

Der Titel *Neues Kapital für Luxemburg* ist nicht unschuldig gewählt. Der Begriff „Kapital" deutet einerseits an, dass die Grünen sich als Frischkapital für die Luxemburger Gesellschaft anbieten. Andererseits ist es ganz ungeniert eine Anleihe an das Vokabular der kapitalistischen Wirtschaftslehre um zu zeigen, dass die ehemals alternative Partei in der realen Wirtschaftswelt angekommen ist. Diese provokative Interpretation führt wiederum intern zu Diskussionen zwischen Realos und Fundis, aus denen das Bausch-Lager als Sieger hervorgeht.

Auch die Idee des *Neuen Kapitals für Luxemburg* stammt von der Agentur *Zum Goldenen Hirschen*, die Luxemburgs Grüne nun zum nächsten Wahltermin führt. Allerdings kann die beste Agentur nichts ausrichten, wenn das Produkt nicht taugt. „Die Partei muss selber gut sein, damit die Agentur das Kapital, das in ihr steckt, maximal herausziehen kann", erinnert François Bausch selbstbewusst an diese erfolgreiche Zeit. Denn 2004 wird das Jubeljahr der Grünen. Bei der Parlamentswahl legen sie in allen vier Bezirken an Stimmen zu und erringen sieben statt der bisherigen fünf Sitze. Parteiübergreifend erhält François Bausch in seinem Wahlbezirk die fünftmeisten Stimmen, mehr als der LSAP-Spitzenkandidat Jeannot Krecké. Lediglich die drei CSV-Politiker Frieden, Wiseler und Mosar sowie Lydie Polfer von der DP erhalten, Listenstimmen mit eingerechnet, mehr Zustimmung als er. Ein Jahr später gehen *Déi Gréng* dann bei der Gemeindewahl als große Sieger hervor und verdoppeln in der Hauptstadt ihre Stimmenzahl. Der grüne Spitzenmann François Bausch wird stellvertretender Bürgermeister der Stadt Luxemburg.

Vergessen ist die Zeit, als die Grünen es noch fertigbrachten, das ganze Autofahrervolk gegen sich aufzuhetzen. Tief in die Nesseln hatten sie sich zehn Jahre vorher mit ihrer Forderung gesetzt, den Benzinpreis auf 100 Franken pro Liter heraufzusetzen. Damals blies der Wind der Entrüstung der jungen Partei voll ins Gesicht. François Bausch steht der 100-Franken-Forderung von Anfang an skeptisch gegenüber und setzt nach dem Debakel durch, dass es solche konkreten Angriffsflächen in Zukunft nicht mehr geben soll. Und es wird sie nicht mehr geben.

Der Aufbau Grün ist geschafft. Aber auch Politiker dürfen sich nicht auf ihren Lorbeeren ausruhen. Zu einer nachhaltigen politischen Strategie gehört es, einen Schritt vorauszugehen und an den Nachwuchs zu denken. In einem Artikel zum 20. Jahrestag der Gründung der grünen Partei heißt es 2003 in der *Revue* hämisch: „Und Ende 1994 waren sie als *Déi Gréng* wieder vereint. Jean Huss, Robert Garcia, François Bausch, Camille Gira und Renée Wagener kamen damals ins Parlament. Neun Jahre später sind es noch die Gleichen. Die Partei wird erst 20, doch keiner ihrer Abgeordneten ist jünger als 40."

Der Vorwurf der nicht stattfindenden Erneuerung der Partei lässt François Bausch kalt: „Wenn es soweit ist, werden wir genügend Nachwuchskräfte haben", versichert er in Privatgesprächen und soll recht behalten. Nur ein Beispiel: 2005 lädt er die junge Juristin Sam Tanson zum Mittagessen ein und gewinnt sie für die grüne Partei. Die ehemalige RTL-Journalistin tritt bei der Gemeindewahl 2005 mit 28 Jahren zum ersten Mal auf der grünen Liste an. Sie wird 2011 Gemeinderätin, ist von Ende 2013 bis 2017 Schöffin in der Hauptstadt und seit 2015 Vertreterin der Grünen im Staatsrat.

4. Mit beiden Füßen in der Zivilgesellschaft

„Eine grüne Partei kann, wenn sie in der Regierung ist, nur darauf hoffen, dass sie eine extrem kritische außerparlamentarische Opposition hat. Kritische Begleitung hilft einer Regierungspartei voranzukommen und die eigenen Ideen nicht aus den Augen zu verlieren." So beschreibt François Bausch Anfang der Nullerjahre in einem *Woxx*-Interview seine Vorstellung einer erfolgreichen Regierungsbeteiligung der Grünen.

Zehn Jahre nach diesem Bekenntnis bekommt er als Minister den außerparlamentarischen Druck am eigenen Leib zu spüren. Im Kompetenzbereich des Ministeriums für Nachhaltige Entwicklung und Infrastrukturen sind es gerne auch Umweltorganisationen, die ihm auf die Finger klopfen. Mit den meisten von ihnen hat die grüne Partei gute Beziehungen und unterhält regelmäßige Kontakte. Wie früher die Sozialisten und Sozialdemokraten gegenüber den Gewerkschaften verstehen sich die Grünen in gewisser Weise als politischer Arm dieser Bewegungen und arbeiten punktuell mit ihnen zusammen.

Verantwortliche und Mitarbeiter von *Natur & Ëmwelt* und *Greenpeace* haben nicht selten bei den Grünen politische Ämter inne. Mit dem *Mouvement Ecologique* sind die Beziehungen komplizierter. Die Distanz geht auf die Anfänge der Grünenpolitik zurück, als die Umweltschützer aus ihrer Geringschätzung für die neugegründete Partei keinen Hehl machen, wie Renée Wagener sich erinnert. In den Augen der ersten politischen Grünen steht die Nachfolgeorganisation von *Jeunes & Environnement* ohnehin der LSAP nahe. In der Tat unterhalten die Pragmatiker aus dem Pfaffenthal gute Kontakte zu Umweltminister Robert Krieps und später zu den sozialistischen Abgeordneten René Kollwelter und Jeannot Krecké. Auch zu ihrem früheren Nordvertreter Marco Schank bleibt der Kontakt nach dessen politischem Schwenk zur CSV intakt. Camille Gira, Claude Turmes und eine Reihe von Lokalpolitikern sind zwar im *Mouvement Ecologique* engagiert, müssen aber beim Einstieg in die Politik ihr Mandat abgeben. Nach der Ära von Théid Faber legt auch Präsidentin Blanche Weber Wert auf Äquidistanz, Sonderbeziehungen zu einer politischen Partei lehnt sie strikt ab. Für sie gibt es keine prädestinierten Weggefährten in der Politik. Das hindert den scharfzüngigen ADR-Abgeordneten Gast Gybérien allerdings nicht daran, ausgerechnet dem *Mouvement Ecologique* eine große Nähe zur Regierung vorzuwerfen.

Entscheidend ist in diesem Zusammenhang die Frage, ob die Kernforderungen der Umweltorganisation seit der Regierungsbeteiligung der Grünen 2013 einen Schritt weitergekommen sind oder nicht: Ende 2017 analysiert der *Mouvement Ecologique* die Regierungsarbeit und bewertet generell: „Zahlreiche Maßnahmen wurden bereits angegangen – viele sind noch in der Schwebe!" Von 114 Versprechen im Bereich der nachhaltigen Entwicklung seien zwölf vollständig umgesetzt worden, 37 seien weit fortgeschritten und 52 befänden sich in einer ersten Phase der Umsetzung. 13 Vorhaben seien nicht angegangen worden. In der Mobilitätspolitik sei von den 13 Regierungsversprechen jede Maßnahme angegangen, eine sei gänzlich umgesetzt, fünf befänden sich in der ersten, sieben in der zweiten Umsetzungsphase. „Insofern kann der Transportminister durchaus eine gute Bilanz aufzeigen, umso mehr da damit zu rechnen ist, dass die in Umsetzung befindlichen Versprechen noch realisiert werden", heißt es.

Großer Dissenz bleibt in der Flughafenproblematik bestehen. Und vor allem wird die positive Bilanz „dadurch geschwächt, dass am Ausbau der A3 gearbeitet wird. Ein Projekt, das nach Ansicht des *Mouvement Ecologique* ein verkehrspolitischer Irrsinn ist." Auch Richard Graf, Mitbegründer der grünen Partei, der nach eigenen Angaben „wellenweise Beziehungen" zu François Bausch unterhält, klagt, dass es weh tue zu sehen, wie jemand für etwas eintrete, das er früher bekämpft habe. Fünfzehn Jahre zuvor nennt der Oppositionspolitiker François Bausch in einer Wurfsendung den Stopp weiteren Straßenbaus in der Tat das „Herzstück grüner Transportpolitik".

Um die Beziehungen zur Zivilgesellschaft möglichst breit zu spannen, können sich auch *Déi Gréng* nicht allein auf Natur- und Umweltschutzproblematiken konzentrieren. Viele grüne Mitstreiter der ersten Stunde kommen aus der Dritte-Welt-Bewegung, wie der Präsident der *Action Solidarité Tiers Monde* und Bausch-Gefährte der ersten Stunde, Richard Graf. Auch Bauschs langjähriger Abgeordnetenkollege Robert Garcia sowie die späteren Vertreter im Staatsrat Agnes Rausch und Mike Mathias gehören dazu. Richard Graf bedauert heute, dass die mit diesem Engagement verbundene Sensibilität der Partei abhandengekommen zu sein scheint: „Wenn die grünen Minister die Rolle als Mittler zur Zivilgesellschaft wahrnehmen würden, hätte der *Zukunftspak* der Regierung anders ausgesehen", urteilt der *Woxx*-Geschäftsführer. „Da standen Sachen drin, die nicht hätten sein dürfen."

Obwohl François Bausch vor seiner politischen Laufbahn gewerkschaftlich äußerst aktiv ist, löst sich seine Verbindung zum Landesverband nach seiner Wahl zum Abgeordneten allmählich auf. Der frühere Personalvertreter unterhält keine privilegierten Beziehungen zum Eisenbahnerverband und wird nicht, wie andere vor und nach ihm, zum politischen Arm seiner Gewerkschaft. Im Wesentlichen haben weder Bausch noch der Verband die Nähe zueinander zu erhalten versucht. Die Distanz zu seinen ehemaligen Kollegen stört ihn nicht, er nutzt die dadurch gewonnene Freiheit zur Ausarbeitung von teils unorthodoxen Positionen in diversen Bereichen der Sozialpolitik.

Nach 40 Jahren Mitgliedschaft bekommt der Minister, wie jedes andere Mitglied auch, 2015 eine Urkunde und eine Anstecknadel aus den Händen des FNCTTFEL-Präsidenten überreicht. Besondere Anerkennung, etwa für die europäische Einigung über das vierte Eisenbahnpaket, erfährt er nicht, obwohl der von ihm erzielte Kompromiss eine Ausnahmeregelung für kleine Bahnnetze wie das luxemburgische vorsieht, die den Vorstellungen der Luxemburger Eisenbahnergewerkschaften großzügig entgegenkommt. Der Beschluss trägt allerdings den allgemeinen Forderungen der Europäischen Transportarbeiterföderation, der sowohl der freie wie auch der christliche Eisenbahnerverband Luxemburgs angehören, nicht Rechnung.

Fast zwei Jahrzehnte früher, als die CSV-LSAP-Regierung den öffentlichen Beamten 1998 gegen ihren Willen eine Pensionsreform aufzwingt, leidet darunter das traditionell gute Verhältnis der FNCTTFEL zur sozialistischen Partei. Als Sprecher der grünen Parlamentsfraktion springt François Bausch in die Bresche und verurteilt trotz interner Meinungsverschiedenheiten das Vorhaben. Nachdem das Parlament die Reform dennoch beschlossen hat, lädt er den Präsidenten der FNCTTFEL zu einem Essen ins *Hotel Cravat* ein und bietet ihm einen Listenplatz auf der grünen Zentrumsliste für die kommende Parlamentswahl an. Nico Wennmacher, der seit seiner Jugend in der sozialistischen Partei ist und dort stets am linken Rand agiert, geht nicht auf das Angebot ein.

Um seine auf die Ausbreitung der elektoralen Basis ausgerichtete, beamtenfreundliche Linie gegenüber parteiinternen Kritikern wie den damaligen Abgeordneten Renée Wagener und Robert Garcia zu verteidigen, veröffentlicht François Bausch *„Sieben gute Gründe, weshalb sich die grüne Fraktion mit dem öffentlichen Dienst solidarisierte"*. Die Durchführung einer Rentenreform im öffentlichen Sektor stehe zwar auch im Grünen-Wahlprogramm, schreibt Bausch, doch sollten die neuen Bestimmungen erst bei künftigen Staatsbediensteten angewendet werden. Er verurteilt die Sozialneidstimmung: „Juncker will die an das ADR verlorenen Stimmen und Sitze durch dessen populistische Anti-Staat-Argumentation zum Teil zurückgewinnen", argumentiert er im internen Infoblatt *d'Blatlaus*.

Die Ablehnung der Reform bringt den Grünen bei der Parlamentswahl 1999 kein Glück. „Da hatte er sich geirrt", stellt Renée Wagener lapidar fest. Die DP gewinnt drei Sitze, die Grünen bleiben bei fünf. Ein Jahr später beglückwünscht der Grünen-Fraktionschef die CGFP für das mit der Regierung ausgehandelte Gehälterabkommen und gesteht ihr zu, die einzige wirklich repräsentative Gewerkschaft der „authentischen" Öffentlichen Funktion zu sein. Mit dem Zusatz „authentisch" vermeidet er den zu erwartenden Ärger mit den Gewerkschaften der Eisenbahner und dem OGBL, der in mehreren mit dem Öffentlichen Dienst assimilierten Sektoren sehr stark vertreten ist.

Der Südabgeordnete Robert Garcia enthält sich bei der Abstimmung über das Gehälterabkommen. Es ist das einzige Mal, dass Bausch und er im Parlament unterschiedliche Meinungen vertreten. Zum 25. Geburtstag der Grünen stichelt der frühere Abgeordnete am Rednerpult: „A wann d'CGFP mam Siéwel rasselt, dann ginn och gring Marathonsknéien ebemol zu Wackelpuddingen." Und als er im Oktober 2003 das Parlament verlässt, um Generalkoordinator des Kulturjahres 2007 zu werden, flachst „Roga" vor versammelter Presse, er habe das politische Diktat seines Fraktionschefs nicht mehr ausgehalten. Das sei wirklich scherzhaft gemeint gewesen, beteuert er.

* * *

Ab der Jahrtausendwende versuchen *Déi Gréng* auch, wie es regierungsfähigen Parteien gebührt, eine solide Beziehungsbasis zu den großen Interessenvertretungen des Landes aufzubauen. Grüne Spitzenleute treffen die Präsidenten der zwei Gewerkschaftsbünde, Jean-Claude Reding für den OGBL und Robert Weber für den LCGB. Auf Arbeitgeberseite gibt es Unterredungen mit René Winkin von der *Fedil* und Jean-Jacques Rommes von der ABBL.

Obwohl die erste Unterredung zwischen den Grünen und dem christlichen Gewerkschaftsbund von beiden Seiten als positiv und ermutigend bezeichnet wird, kommt es später zu einer offenen Auseinandersetzung, als der LCGB die von den Grünen vorgeschlagene ökologische Steuerreform als unsozial verwirft. Fraktionspräsident François Bausch wehrt ab: „Unterstellungen und billige Polemik interessieren uns nicht." Der Hintergrund der christlichen Angriffe dürfte in der Vorbereitung der politischen Karrieren ihrer Spitzenleute Robert Weber, Marc Spautz und Ali Kaes zu suchen sein, die allesamt später auf CSV-Listen ins Parlament gewählt werden.

Nach den Finanzkrisen von 2008 und 2011 tragen die Grünen soziale Kürzungen, wie sie von der DP gefordert werden, mit. Davon fühlen sich mehrere Gewerkschafter von der jungen Oppositionspartei im Stich gelassen. „Die Grünen haben alles Soziale aufgegeben", bedauert OGBL-Präsident Jean-Claude Reding, der die Partei 25 Jahre vorher mitgegründet hat. Doch die Grünen stehen dazu, dass sich ihre politischen Analysen von denen der Gewerkschaften unterscheiden. François Bauschs langjähriger Vertrauter Abbes Jacoby spricht rückblickend vom Strukturkonservatismus der Syndikate: „Manche Reformen sind notwendig, auch wenn sie von den Gewerkschaften abgelehnt werden."

Auch in einem für eine Linkspartei so sensiblen Thema wie der Rentenpolitik gehen die grünen Spitzenleute ihren eigenen Weg. Am Rententisch schlagen sie Lösungen vor, die keine Rücksicht auf gewerkschaftliche Tabus nehmen. „Unsere Positionen waren manchmal näher an jenen des Patronats als an den Dogmen der Gewerkschaften", erinnert sich Abbes Jacoby, der 2001 mit François Bausch für die Grünen am Verhandlungstisch sitzt. „Für uns war klar, dass das Erreichte gesichert werden muss. Um die finanzielle Absicherung des Rentensystems nicht zu gefährden, wollten wir jedoch nicht noch eins drauflegen." Die Grünen denken über alternative Systeme im Rentenwesen nach, wie das

Kapitalisierungsverfahren oder ein Zusatzrentensystem – Ideen, die den Gewerkschaften ein Dorn im Auge sind. Serge Allegrezza, der damalige Präsident des *Economist Club* erinnert sich, dass der Abgeordnete François Bausch vor den Mitgliedern seiner Vereinigung das System der privaten Zusatzrenten verteidigt. „Wir waren stets für einen zusätzlichen Pfeiler neben der öffentlichen Rentenversicherung. Und der kann nur privat sein", sagt dazu Abbes Jacoby. François Bausch ergänzt: „Wenn ein Großverdiener mehr Rente erhalten möchte, soll er eine private Zusatzversicherung abschließen. Der Knackpunkt wird die Obergrenze sein, bis zu der das öffentliche System greift."

5. Das bittere Erbe

18. Juli 1989. François Bausch hat gerade seinen Eid als Abgeordneter abgelegt und prompt ergreift er das Wort. Der Neuling im Hause schlägt ohne die geringste Aussicht auf Erfolg seinen Parteifreund Jean Huss für den Posten des Kammerpräsidenten vor. Gewählt wird Erna Hennicot-Schoepges von der CSV mit 42 Stimmen, Huss bekommt drei. War er aufgeregt, als er das allererste Mal im Hohen Hause sprach? „Das weiß ich nicht mehr, aber es war wohl wie immer." „Wie immer", das heißt, er tut es, ohne lange abzuwägen, ob und wie er es tun soll. Das war auch vorher schon so, bei General- und Vollversammlungen, auf Kongressen, auf Fachtagungen und Seminaren, vor kleinem oder großem Publikum, vor Mikrofonen und Fernsehkameras. Das hat sich bis heute nicht geändert.

Da die Abgeordnetenzahl ab der Wahl 1989 per Gesetz auf 60 festgesetzt ist, sind vier Sitze weniger zu vergeben als 1984. Verlierer sind die großen Parteien, jede von ihnen büßt drei Sitze ein. Die CSV erreicht noch 22, die LSAP 18 und die DP 11. Die KPL behält einen von zwei Sitzen. Vier Sitze bekommt das neue *Aktionskomitee 5/6*, die heutige ADR, zwei gehen an die von Jup Weber neu gegründete Umweltpartei *Gréng Lëscht Ekologesch Initiativ* (GLEI). Bauschs *Gréng Alternativ Partei* (GAP) erobert ebenfalls zwei Sitze, einen im Südbezirk und einen im Zentrum. Seit dieser Wahl sind die Grünen eine feste Größe in der Luxemburger Politik, zuerst getrennt und dann geeint, genau wie die Rechtspopulisten mit wechselnder Bezeichnung. Die Kommunisten verschwinden und werden später durch *Déi Lénk* abgelöst.

Knapp vier Wochen nach der Wahl erliegt die mit 3.748 Stimmen auf der Liste der GAP im Bezirk Zentrum mit Abstand als Erste gewählte Thers Bodé im Alter von 35 Jahren einem Krebsleiden. Der mit 2.838 Stimmen zweitgewählte François Bausch rückt nach.

Die bekannte Feministin und Umweltschützerin gehört zur Gründergeneration der grünen Partei. Bei der ersten Parlamentswahl, an der die Grünen sich beteiligen, wird die Psychologin 1984 im Bezirk Zentrum knapp Dritte – mit 3.867 Stimmen hinter Irène Altmann und Jup Weber, der 4.106 Stimmen verbuchen kann. Als es bereits sechs Monate später zum Zerwürfnis mit Weber kommt, macht sich Thers Bodé selbst den Vorwurf, durch ihren eher zurückhaltenden Wahlkampf die läppischen 240 Stimmen auf den nunmehrigen Kontrahenten verfehlt zu haben. Trotz der Meinungsverschiedenheiten mit dem eigenwilligen Abgeordneten widerstrebt ihr dennoch die Art und Weise, wie die damalige Führung der GAP Weber in die Dissidenz treibt. Unter diesen Umständen will Thers Bodé nicht mehr am grünen Projekt, das erst in den Kinderschuhen steckt, mitarbeiten. Sie und 18 weitere Grüne der ersten Stunde verlassen die Partei.

Bodé ist seit einem Jahr aus der Partei ausgetreten, als Fränz Bausch im Sommer 1986 zu den Grünen stößt. Bausch fühlt sich berufen, dem kriselnden Projekt wieder auf die Beine zu helfen und bemüht sich, möglichst viele der 19 abtrünnigen Gründungsmitglieder zurückzuholen. Vor den Gemeindewahlen 1987 bittet er Renée Wagener, ein Treffen mit Thers Bodé, die er vom Hörensagen kennt, zu arrangieren. Der Eisenbahner hat Mittagschicht und trifft mit großer Verspätung zum vereinbarten Abendessen ein. Die Begegnung hat dennoch mehrschichtige Folgen: Thers Bodé kehrt in die Partei zurück und nimmt wieder aktiv am Aufbau der Grünen teil. Ihrer besten Freundin vertraut sie am Tag danach an, sich verliebt zu haben. Sie und *Fränz* werden ein Paar.

Als die junge Frau zwei Jahre später über Kopfweh und Übelkeit klagt, führt ihr Umfeld die Symptome zunächst auf die Anstrengungen der Vorwahlzeit zurück. Bodé war die federführende Akteurin beim Verfassen des Grünen-Wahlprogramms für die Parlamentswahl 1989 gewesen. Doch um Ostern desselben Jahres diagnostiziert der Arzt eine schwere Krebserkrankung, die sich in der Folge mit aller Wucht ausbreitet.

Fränz Bausch widmet sich nun der Genesung seiner kranken Lebenspartnerin. Zusammen stellen sie ihre Ernährung makrobiotisch um. Trotz der ärztlichen Hiobsbotschaften weigert sich Bausch beharrlich, die Ausweglosigkeit der Lage zu akzeptieren. Einer gemeinsamen Freundin, die bei der letzen Diagnose des Arztes in Tränen ausbricht, wirft er vor, sie habe Thers bereits abgeschrieben.

Thers Bodé bleibt bis zum Schluss stark und voller Würde, doch der körperliche Verfall ist bald nicht mehr zu übersehen. Am Abend des 18. Juni lässt sich die gerade Gewählte zur Grünen-Wahlparty nach Clausen ins *Melusina* fahren. Von der Krankheit gezeichnet muss sie gleich wieder nach Hause gebracht werden. „Dieser Wahlsonntag war ein Horror", erinnert sich ihre beste Freundin. Thers Bodé stirbt am 13. Juli 1989, fünf Tage vor der Vereidigung der neuen Abgeordneten.

François Bauschs Lebensziel erfüllt sich auf dramatischste Weise, bedingt durch den Tod seiner Freundin. Er tritt das Erbe seiner verstorbenen Lebenspartnerin in der Abgeordnetenkammer an und muss mit diesem Gefühlschaos fertigwerden. Unter dem Titel *Abschied* schreibt er im *Gréngespoun*, noch nie sei es ihm so schwer gefallen, einige Zeilen „über zweieinhalb Jahre Erlebtes" zu Papier zu bringen. „Der innere Erinnerungsschmerz verpfuscht mir seit Tagen die Möglichkeit, mich hinzusetzen um einige Abschiedsworte hinzukriegen".

Nach seiner Vereidigung braucht der Jungpolitiker seinen verbleibenden Urlaub auf und fährt alleine in die Toskana. Er kann sich nicht über sein Mandat freuen und ist komplett durcheinander. Wenn er an einem Friedhof vorbeikommt, zittern ihm die Knie. Bei einer Reise nach Paris bekommt er auf dem *Cimetière de Montmartre* am Grab von Heinrich

Heine Schweißausbrüche. Bis in den Herbst hinein steckt François Bausch in einer tiefen Depression, Angstzustände plagen ihn und er geht häufiger zum Arzt. Er hat das Ende der Talsohle nicht erreicht, als am zweiten Dienstag im Oktober die Session der Abgeordnetenkammer beginnt. Die Trauer bleibt. Es ist eine äußerst schwere Zeit für ihn – und gleichzeitig eine Periode des Neuaufbaus.

* * *

Der politische Aufbau beginnt nach der parlamentarischen *Rentrée*. Da die insgesamt neun Abgeordneten des *Aktionskomitees 5/6*, der GAP, der GLEI und der Kommunisten als Fraktionslose weitaus weniger Rechte genießen als ihre Kollegen der großen Parteien, blockieren sie aus Protest die Treppe zum Sitzungssaal im ersten Stockwerk. Als wagemutige Mehrheitsabgeordnete versuchen, die Blockade mit Gewalt zu brechen, kommt es zum Handgemenge. Letztlich jedoch zeigt die Treppenbesetzung Wirkung: Sie trägt zur Verbesserung der Arbeitsbedingungen für die Parlamentarier kleiner Gruppierungen bei und ermöglicht auch ihnen eine seriöse parlamentarische Arbeit. François Bausch wird diese neu gewonnenen Möglichkeiten zu nutzen wissen.

Am 18. Juli 1989 gedenkt der amtsführende Parlamentspräsident Jos Brebsom der verstorbenen Thers Bodé:

En outre et suite au décès de Mme Thers Bodé, élue sur la liste du „Gréng Alternativ Partei" dans la circonscription du Centre, le Premier Ministre, au nom du Grand-Duc, a encore convoqué M. François Bausch, premier suppléant sur la même liste:

Chers collègues. Permettez-moi en ce moment d'exprimer notre vive émotion devant la nouvelle qui nous est parvenue à la fin de la semaine dernière. Elue député sur la liste des Verts Alternatifs dans la circonscription du Centre, Thers Bodé aurait dû prêter aujourd'hui avec ses 59 collègues le serment de député. Le destin en a décidé autrement. Une maladie implacable a eu raison d'une femme particulièrement engagée dans tout ce qui avait trait à la défense de l'écologie et de l'environnement. A sa famille, à ses amis du GAP et plus particulièrement à celui qui va occuper dans cette enceinte la place réservée à Thers Bodé, j'adresse les condoléances et les sentiments de compassion de la Chambre toute entière. Puis-je vous demander de vous lever et d'observer avec moi quelques instants de silence en mémoire à celle qui aujourd'hui aurait dû être parmi nous et qui a dû partir beaucoup trop tôt.

6. Der heimliche ewige Parteichef

Die Grünen mögen keine Chefs. Allein der Gedanke, einer unter ihnen sei auserkoren, um die anderen zu überragen, lässt den selbstbewussten Basisgrünen erschaudern. Aus diesem Grund orientieren sich die frühen Idealisten der grün-alternativen Partei in Luxemburg an den Methoden ihrer deutschen Freunde, um die Macht der gewählten Vertreter zu begrenzen. „Lautsprecher-Abgeordnete" nennt sie der Journalist Jean-Paul Hoffmann 1985 im *Lëtzebuerger Land* und skizziert die Grundauffassung in der jungen Partei: „Parlamentarische ‚Stars' sind unerwünscht; gefragt sind vielmehr auswechselbare Interpreten jener Botschaften, welche von der Basis ausgehen." Die Machtbremse, die grüne Volksvertreter nach einer Frist aus dem Parlament entfernen und ihren Platz für den Nächstgewählten freimachen soll, heißt Rotation. Im anfangs angedachten Luxemburger Modell rotiert jedes Jahr ein Volksvertreter. Gemäß diesem ausgemacht basisdemokratischen Wunschtraum hätten sich von 1984 bis 1989 zehn Grüne auf dem Krautmarkt die Klinke in die Hand gedrückt. Doch bald nach der Wahl beschließt die GAP, ihre Abgeordneten nur einmal in der Legislaturperiode auszutauschen. Entsprechend gibt Jean Huss sein Mandat nach zweieinhalb Jahren ab. Da hat Jup Weber die Partei bereits verlassen. Der Einzelkämpfer lehnt die Rotation ab, will den festgelegten Anteil seiner Abgeordnetendiäten nicht zahlen und tanzt auch inhaltlich immer wieder aus der Reihe. Er bleibt die ganzen fünf Jahre im Amt.

Als François Bausch 1989 ins Parlament gewählt wird und prompt das Rotationsprinzip in Frage stellt, sorgt dies für Unruhe. Bei vielen Mitstreitern macht er sich mit dieser Haltung unbeliebt. Doch auch *Muck* Huss verteidigt die Rotation nicht mehr, vor allem, weil diese das Haupthindernis zur geeinten grünen Partei ist und ihm die Einigung wichtiger erscheint als dieses hehre Prinzip. Schließlich wird die Rotation abgeschafft, Bausch und Huss müssen jedoch ihre Mandate in der laufenden Legislaturperiode noch abgeben: Am 1. Oktober 1992 tritt der Südabgeordnete Huss sein Mandat an Robert Garcia ab, der Zentrumsdeputierte Bausch verzichtet zugunsten von Jean Geisbusch. 20 Jahre später hilft François Bausch, Jean Huss davon zu überzeugen, doch noch einmal zu rotieren. 2011 tritt Huss sein Abgeordnetenmandat an Josée Lorsché ab.

Den Höhepunkt der Krise um die Rotation beschreibt Mike Richartz in seiner Chronologie *10 Joer déi Gréng Alternativ – GAP*: „Am 5.7.92 kommt es dann, auf der VV in Dommeldange (ASTI) zu der bisher letzten großen Krise der GAP." Die Vollversammlung soll über den Antrag Bausch/Huss abstimmen, die Abgeordneten künftig nicht mehr auszuwechseln. Dem Vorwurf seiner Gegner, das Thema überstürzt zur Abstimmung zu bringen, hält Bausch entgegen, er rede bereits ein Jahr lang darüber und habe außer Beschimpfungen nichts gehört. Da der Antrag laut Statuten eine Dreifünftel-Mehrheit erhalten muss und 33 Mitglieder stimmberechtigt sind, brauchen die Antragsteller rechnerisch 19,8 Stimmen. Schließlich stimmen 20 Anwesende der Abschaffung des Rotationsverfahrens zu. „Die Rotation wird, durch eine emotionsgeladene Kampfabstimmung, mit 0,2 Stimmen Mehrheit abgeschafft", schreibt Mike Richartz. Bei solch einem knappen Ergebnis kann jeder der 20 Befürworter für sich beanspruchen, den Ausschlag gegeben zu haben und mit einem Bruchteil seiner Stimme für die Weiterführung der politischen Laufbahn des François Bausch verantwortlich zu sein. Das kann auch der damals 17-jährige Frank Engel. Der Junggrüne tritt bald aus der Partei aus, wird erst Fraktionssekretär der CSV und besetzt ab 2009 als Abgeordneter der konservativen *Europäischen Volkspartei* (EVP) im EU-Parlament sein bisher höchstes politisches Mandat.

Zusätzlich zur Abschaffung der Rotation macht sich vor allem François Bausch für eine baldige Annäherung an die GLEI von Jup Weber stark. Auch das geht so manchem in der GAP gegen den Strich.

Mit diesen beiden Tabubrüchen eckt der neue Abgeordnete bei vielen Parteifreunden an. Schon wird er von manchen als Verräter in der *Couleur* eines Jup Weber hingestellt.

Gemäß seinem Versprechen, das Rotationsprinzip nicht gleich abzuschaffen, gibt François Bausch sein Abgeordnetenmandat zur Halbzeit der Legislatur 1992 an Jean Geisbusch ab. Ab Oktober arbeitet er wieder bei der Eisenbahn, diesmal im Bahnhof Luxemburg. Da nicht sicher ist, ob der Abschied vom Krautmarkt nicht ein endgültiger ist, baut er beruflich vor und büffelt für das Promotionsexamen. Nach Bestehen der Prüfung wird er in die höhere Inspektorenlaufbahn versetzt. Doch gleichzeitig mit dem Examen schafft er 1994 erneut den Einzug ins Parlament. Er ist nun 37 Jahre alt und entschlossener denn je, die Politik zu seiner Lebensaufgabe zu machen. Er weiß, dass es hart für ihn wird. Denn er weiß, was er will. Und er weiß, dass viele seiner grünen Freunde das so nicht wollen. Aber für ihn steht wieder fest, dass „dat dach net alles ka gewiescht sinn".

***

Bei der Wahlfeier im hauptstädtischen Restaurant *Mesa Verde* am Abend des 12. Juni 1994 spricht kaum einer mit ihm. Versteinerte Gesichter um ihn herum, höchstens erhellt durch die Aussicht, Bausch für die nächsten fünf Jahre und damit vielleicht für immer los zu sein. Denn die gemeinsame Liste *Déi Gréng* – GLEI-GAP erringt im Bezirk Zentrum erneut zwei Sitze. François Bausch ist Dritter hinter Jup Weber und Renée Wagener.

Doch nicht mal das war gewollt. Laut Abkommen mit der GLEI standen Jup Webers Partei die Listenplätze 1, 3 und 5 zu. Die GAP erhielt den zweiten, den vierten und den sechsten Platz. Der frühere Abgeordnete François Bausch wurde vom Bündnis auf Platz 6 gesetzt, hinter Jup Weber, Renée

Wagener, Ed Sinner, Marielle Hilgert und Richard Köller. Und sogar diese Position hatte er in einer Kampfabstimmung gegen den austretenden Abgeordneten Jean Geisbusch verteidigen müssen. Das Kräftemessen endete mit einem Unentschieden und Geisbusch überließ ihm den Vortritt.

Für die Rundfunk- und Fernsehauftritte im Wahlkampf wurde Bausch ein einziges Mal ausgewählt – nicht von seiner eigenen Partei, sondern auf Vorschlag von Jup Weber von der GLEI.

François Bausch wird dennoch Dritter. Aber eben nur Dritter. Das Ergebnis reicht nicht zum erhofften Neueinzug ins Parlament. Entmutigt verlässt der erste Ersatzmann das Grünen-Wahlfest und geht nach Hause. Er bereitet sich innerlich auf ein Leben ohne Politik vor. Bausch hat die internen Spannungen und Animositäten satt. Ohne Rückhalt in der Partei, ohne Mandat, weder in den Parteigremien noch im Parlament, ohne Wiedervereinigung der zwei grünen Parteien sieht er sich an einem Scheideweg. Er denkt auch an eine Rückkehr in die LSAP. Es wird rückblickend die dunkelste Periode im politischen Leben des François Bausch sein, neben der aufreibenden Tätigkeit im parlamentarischen Untersuchungsausschuss zur Geheimdienst-Affäre fast zwanzig Jahre später.

Spät in der Wahlnacht klingelt das Telefon. Jup Weber ist am Apparat. Nach einer langen Zitterpartie sichern sich die Grünen einen Sitz im Europaparlament. Jup hat auf der Europaliste die meisten Stimmen und wird nach Straßburg gehen. Demnach macht er seinen Platz im Zentrumsbezirk für den ersten Ersatzmann frei. François Bausch hört das Telefon nicht, und als Sohn Stéphane ihn weckt und ihm die frohe Botschaft übermittelt, grummelt er ins Kissen: „Nu maach och nach de Geck mat mer."

Doch es ist Ernst. Die gemeinsamen Listen von GAP und GLEI bringen den Grünen zwei Abgeordnete im Südbezirk, Jean Huss und Robert

Garcia (beide GAP) ein, zwei im Bezirk Zentrum (Renée Wagener und François Bausch, beide GAP) und einen im Norden (Camille Gira, unabhängig). Fünf Abgeordnete, das ist zum ersten Mal Fraktionsstärke. Angesichts des Kräfteverhältnisses innerhalb des Bündnisses ist jedoch Bauschs erster Gedanke, dass das Gleichgewicht zwischen GAP und GLEI nicht lange hält. Um seinen Plan einer versöhnlichen Linie durchzusetzen, bevor es „schiefgeht", muss er handeln. Noch in der Nacht reift sein fester Entschluss heran: „Jetzt hören die Spielereien auf."

Bauschs Sorge, dass die von ihm geplante grüne Wiedervereinigung platzen könnte, ist begründet. Für viele GAP-Leute sind die Weichen auf Revanche gestellt, angesichts der schwächelnden GLEI um Jup Weber, die nun nicht mehr im Parlament vertreten ist. Die Abgeordnete Renée Wagener, die Weber nie ganz ernst genommen hat, empfindet Bauschs damaliges Werben um die GLEI als Vertrauensbruch. „Die Idee einer geeinten grünen Partei war nicht falsch", sagt sie rückblickend, „aber die Einigung war mit übertriebenen Kompromissen verbunden."

Da auch *Muck* Huss und Robert Garcia keine großen Sympathien für Jup Weber hegen, kann François Bausch nur auf den unabhängigen Grünen Camille Gira zählen, um das viele Porzellan, das zwischen den zwei Bruderparteien zerschlagen wurde, zu kitten. Eine Mitgliedskarte der GAP hat der umtriebige Bürgermeister von Beckerich nie besessen und es war François Bausch, der ihn zur Kandidatur auf der grünen Nord-Liste überredet hat.

Der Streit spitzt sich bereits beim ersten Telefongespräch mit *Muck* Huss am Morgen nach dem Wahlsonntag zu. Nach einem Treffen in Bonneweg, in äußerst aufgeheizter Stimmung, tritt François Bausch aus der grün-alternativen Partei aus. In einem Gastbeitrag im *Lëtzebuerger Land*, den er als unabhängiger Grüner unterzeichnet, rechnet er mit dem Standpunkt der GAP ab: „Dabei wäre vor allem der eigene Grundwiderspruch zu beheben, dass effiziente Strukturen an sich etwas Negatives seien." Er prangert die bis dahin üblichen polarisierenden Auseinandersetzungen an, „die auf unvorbereiteten (Voll-)Versammlungen nur des anstehenden Votums wegen geführt werden" und macht sich für inhaltliche Debatten in demokratisch zusammengesetzten Gremien stark. François Bausch inspiriert sich an den Ideen des deutschen Politikwissenschaftlers Joachim Raschke, der mehrere Bücher über politische Strategie und über die deutschen Grünen verfasst hat. „Raschke hat die Misere, die in den Neunzigerjahren bei den Grünen herrschte, sehr treffend beschrieben", erläutert er sein Pochen auf eine Professionalisierung der Parteiarbeit.

Seine Selbstbezeichnung als unabhängiger Grüner will Bausch als symbolisch verstanden wissen, bis die angestrebte Fusion Wirklichkeit wird. Auf die Frage, was er tun würde, wenn es nicht zur Einigung kommt, antwortet er in einem Interview im *Républicain Lorrain*: „Je ne sais pas comment dans ce cas je verrai ma carrière politique. Peut-être que j'abandonnerai complètement. En tout cas je ne retournerais pas au POSL." Mit Zuversicht fügt er hinzu: „Mais croyez-moi, nous réussirons parce que tout le monde a assez de bon sens pour tirer les leçons d'un passé pas toujours glorieux."

François Bausch wird recht behalten. Kurz darauf verfasst er einen Aufruf „zur Schaffung von toleranten und unsektiererischen grünen Parteistrukturen" und kündigt den Aufbau einer „ökologischen und sozialen Reformpartei" bis Ende des Jahres an. 60 Gesinnungsgenossen aus beiden Lagern unterzeichnen seinen Appell. Im Dezember 1994 wird im Bonneweger Eisenbahnercasino die neue Partei *Déi Gréng* gegründet. Die GAP löst sich auf.

Einige Monate später macht Jup Weber erneut einen Alleingang und verlässt die Grünen-Fraktion im Europaparlament. Doch diesmal hat er sich verrechnet. Wichtige Mitstreiter wie seine langjährige Mitarbeiterin Georgette Muller und der Escher Jungpolitiker Felix Braz folgen ihm nicht. Auch seine Popularität hat er überschätzt. Im Wahljahr 1999 servieren die Wähler dem austretenden Europaabgeordneten mit mickrigen 1,43 Prozent im Bezirk Zentrum und 1,83 Prozent bei der Europawahl die Rechnung. Nach 15 Jahren erlebt er so eine letzte Niederlage in der Fehde gegen seine früheren grünen Weggefährten, die ihre fünf Sitze in der Abgeordnetenkammer behalten und den von Weber besetzten Sitz im Europaparlament mit Claude Turmes zurückgewinnen. Die politische Karriere des Jup Weber ist damit endgültig vorüber.

* * *

Im September 1996 übernimmt François Bausch zum ersten Mal den Vorsitz der Fraktion, ein Amt, das die Grünen nach dem Rotationsprinzip bis 1999 abwechselnd besetzen. Danach bleibt Bausch bis zu seinem Eintritt in die Regierung Fraktionspräsident. Geschickt nutzt er die zusätzlichen Möglichkeiten, die mit dieser Funktion verbunden sind, und weitet seinen Einfluss aus. Als Mitglied des Parlamentsbüros sitzt er an den oberen Hebeln, in wichtigen Ausschüssen erhält er relevante Informationen. Die mit dem Amt einhergehenden Pflichten nimmt er bereitwillig auf sich. Da viel Arbeit und Zeitaufwand damit verbunden sind, macht keiner seiner Kollegen es ihm streitig. So wird er allmählich zum „natürlichen" Vorsitzenden der Fraktion. Der Wochenzeitung *Woxx*, die ihn fragt, ob es bei *Déi Gréng* einen „Bausch-Kult, ähnlich der ‚Joschkaisierung' bei den deutschen Grünen" gebe, antwortet er: „Sicher bin ich präsenter als andere. Aber ich versuche mich so viel wie möglich mit der Partei auseinanderzusetzen. Im Übrigen hat es auch Entscheidungen der Partei gegeben, mit denen ich nicht einverstanden war." Eine frühere Mitarbeiterin bestätigt das, fügt aber hinzu: „Wenn die Partei eine Entscheidung traf, die er nicht akzeptieren konnte, dann brachte er es meistens fertig, sie in seinem Sinne wieder rückgängig zu machen." Renée Wagener erinnert sich, dass es schwierig war, sich gegen François Bauschs Hartnäckigkeit durchzusetzen. „Awer ech hu méi gemeckert ewéi déi aner."

Tatsache bleibt, dass François Bausch in einer Partei, die von ihrem Selbstverständnis her jeder Autorität misstraut, fast 20 Jahre lang das Zepter schwingen wird. Wie kein Zweiter verkörpert er die Luxemburger Grünen in der Öffentlichkeit, drückt ihnen seinen Stempel auf. Sein Freund Guy Wagener ist überzeugt, dass François Bausch über die Jahre hinweg die ideologische Ausrichtung der Grünen maßgeblich geprägt hat: „Er hat Visionen und kämpft konsequent für deren Umsetzung." Eine ehemalige Fraktionsmitarbeiterin, die ihren früheren Chef als fleißig, jovial und stets korrekt beschreibt, ist der gleichen Meinung: „Auch wenn nicht alle es wahrhaben möchten: Die Grünen wären heute ohne ihn nicht, wo sie sind." Nicht zuletzt habe er dafür gesorgt, dass Konflikte – die es weiterhin gab – intern geregelt wurden, anstatt, wie vorher üblich, in der Öffentlichkeit ausgetragen zu werden.

Vor diesem Hintergrund fällt auf, dass bei den Koalitionsverhandlungen im Herbst 2013 neben dem DP-Mann Xavier Bettel und Etienne Schneider von der LSAP nicht François Bausch, sondern Felix Braz in der ersten Reihe steht. Es ist auch Braz, der auf dem Parteikongress am 3. Dezember 2013 den 223 grünen Delegierten das Koalitionsprogramm der Dreierkoalition DP–LSAP–*Déi Gréng* vorstellt. Die Gründe der heimlichen Wachablösung finden sich auf zwei Ebenen: Einerseits müssen die Grünen langsam an eine Verjüngung denken. Felix Braz, Jahrgang 1966, ist zehn Jahre jünger als Bausch. Aber der Übergang hat nicht nur mit dem Altersunterschied zu tun. Bei näherem Hinsehen stellt man fest, dass bei der vorgezogenen Parlamentswahl vom Oktober 2013 der grüne Spitzenmann im Zentrum fast 6.000 Stimmen verliert, Felix Braz aber im Süden 2.000 mehr bekommt. Im Südbezirk bewahren die Grünen ihren Stimmanteil und ihre zwei Sitze, im Zentrum verlieren sie fast drei Prozent und ein Mandat. Doch wie so oft weiß Bausch auch diesmal, dass „dat net alles ka gewiescht sinn". Die veränderte politische Konstellation eröffnet ihm neue Herausforderungen.

7. Lechts oder rinks?

In einem Fragebogen des *Luxemburger Wort*, in dem Prominente auf kurze Fragen möglichst knackige Repliken geben, antwortet François Bausch nach seinem Amtsantritt als Minister zum Thema „links oder rechts?": „Ich bin politisch links, lehne das Ideologische an diesem Gegensatz aber eigentlich ab." Dieser Grundsatz, die politische Gesinnung eher an praktischen Erfahrungen als an ideologischen Vorstellungen festzumachen, lässt sich in Bauschs Laufbahn durchaus nachverfolgen.

François Bausch beginnt seine politische Karriere im ausdifferenzierten linken Spektrum seiner Zeit: Er sammelt erste Erfahrungen in einer linken Gewerkschaft, ist mehrere Jahre lang Mitglied der sozialistischen Partei und gehört zeitweise und manchmal gleichzeitig der trotzkistischen *Ligue Communiste Révolutionnaire* (LCR) an. Ein Gefährte, der mit Bausch den Weg durch sozialdemokratische Gefilde samt dem Abstecher in die linksextreme Ecke bis hin zur grünen Wiese mitgegangen ist, erklärt seine außergewöhnliche politische Analysefähigkeit mit dem Wissen, das er sich in den frühen Achtzigerjahren in der marxistischen Kaderschmiede der LCR angeeignet hat.

Die Trotzkisten werden in ihren „Zellen" damals zielbewusst geschult, als Hausaufgaben müssen sie aus den Schriften von Karl Marx, Wladimir Iljitsch Lenin und Leo Trotzky, die im 19. und dem beginnenden 20. Jahrhundert verfasst wurden, gültige Schlussfolgerungen für ihr Vorgehen an der Jahrtausendwende ziehen. „Wer das einmal gelernt hat, kann es immer anwenden", ist sein alter Freund Guy Wagener überzeugt. Nicht die ideologische Brille, sondern das analytische Verfahren von Marx sei das Instrument, mit dem ein Politiker auch heute die Bedingungen für sein Tun richtig beurteilen kann. François Bausch bedauert, dass der Marxismus politisch entfremdet wurde, dass die philosophischen Überlegungen des „alten Karl" überhaupt erst zu einer Ideologie geworden sind. Für ihn stellen sie einen Werkzeugkasten dar, der es erlaubt, die politischen Herausforderungen zu erkennen und strategisches Vorgehen von taktischem Gebaren zu unterscheiden. Wer die Verhältnisse richtig einzuschätzen weiß, fällt angemessene Entscheidungen und erzielt bessere Ergebnisse. Hinzu kommt der Sinn für Gemeinnützigkeit. „Nur wer über solides politisches Wissen verfügt, hat auch ein Gespür für das Allgemeinwohl", ist er überzeugt.

Auf die Frage, ob er im politischen Sinne noch einen Traum hege, antwortet François Bausch 2004 im Magazin *Paperjam*: „En politique il faut être réaliste et être capable de rêver en même temps. Mon rêve politique est de pouvoir contribuer à sauvegarder une société ouverte, capable de maîtriser les forces économiques et financières individuelles, afin de garantir une redistribution équitable et écologiquement durable de la richesse. Ce rêve ne se réalise jamais définitivement et perdure tout au long de la vie ou de la carrière d'un homme ou d'une femme politique. Il existera probablement aussi longtemps que l'espèce humaine elle-même."

Joschka Fischer nennt diese Form der Erkenntnis in seiner Biografie „Illusionsabschleif". Im Gespräch mit dem *Zeit-Magazin* erklärt er im Sommer 2016: „Man könnte auch etwas umgangssprachlicher formulieren: erwachsen werden. Die Jugend ist eine Zeit des emotionalen Überschwangs, eine Zeit, das Überkommene radikal infrage zu stellen. Und je älter Sie werden, desto mehr Erfahrungen machen Sie mit dem Leben, mit der Realität."

Die ausgemacht knifflige Frage, wo sich grüne Politik allgemein auf der ideologischen Skala befindet, beantwortet der belgische Grüne Philippe Lamberts mit einem anschaulichen Vergleich: „On est très de gauche sur la question de justice sociale, on est très libéral sur la question des libertés individuelles." Für den EU-Abgeordneten muss in einer nachhaltigen Gesellschaft das Soziale Vorrang haben. „Soziale Gerechtigkeit ist ein Prinzip der Linken. Also sind wir an die linke Tradition gebunden." Aber: „Wir Grünen misstrauen sowohl der allmächtigen Wirtschaft als auch dem übermächtigen Staat. Wir wollen keinen Staat, der alles diktiert, und vertrauen auf die Autonomie des Einzelnen. Ja zur Solidarität, aber auch zur individuellen Verantwortung." Lamberts bezeichnet die Grünen als realistische Radikale. Er grenzt sie von den radikalen Linken ab, von „all den Mélenchons dieser Welt", die für jedes Problem eine Lösung parat haben und es sich damit sehr einfach machen: „On ne part pas de là où on veut arriver mais de là où on est."

Für viele andere sind die Grünen mittlerweile verkappte Liberale. Ein enttäuschtes Gründungsmitglied aus dem Süden des Landes drückt seine Meinung über die von François Bausch angetriebene Entwicklung der Parteiarbeit so aus: „Wir haben zusammen eine neue Linkspartei aufgebaut, und er hat eine DP daraus gemacht." Jean Geisbusch stimmt dem zu. Ebenso Renée Wagener: In ihren Augen verhindert das jedoch nicht, dass sich Bausch selbst immer noch als Linker versteht. Für LSAP-Fraktionspräsident Alex Bodry ist François Bausch kein grüner und kein linker Fundi, aber auch kein Liberaler. „Zwischen einem grünen Realo wie ihm und einem Sozialdemokraten wie mir sehe ich genau so viele Gemeinsamkeiten wie zwischen mir und dem linken Flügel der LSAP. Ich könnte mir uns beide, mit Nuancen, in der gleichen Partei vorstellen."

Nach dem Weggang von Renée Wagener und Robert Garcia stellt die Zeitung *Woxx* vor den Wahlen von 2004 in einem Gespräch mit dem Grünen-Fraktionschef über das Wahlprogramm der Partei fest: „Vor allem traditionell linke Ideen wie die 35-Stunden-Woche sind verschwunden. Dafür ist eine schnelle Eingreiftruppe auf europäischer Ebene auch für die Grünen kein Tabu mehr. Das klingt nach Zugeständnissen an die bürgerlich-liberale Mitte." François Bausch bestreitet das:

„Es macht keinen Sinn, utopische Forderungen in ein Wahlprogramm zu schreiben, das lediglich fünf Jahre gilt."

Allerdings ist von der 35-Stunden-Woche, dem früheren Lieblingsthema, nicht mehr nur im Wahlprogramm keine Rede mehr. Der Einsatz für eine Arbeitszeitverkürzung ohne Lohnausfall zieht sich bis dahin wie ein roter Faden durch François Bauschs gewerkschaftliche und politische Karriere. Er ist lange Zeit ein bedingungsloser Anhänger dieser typisch linken Forderung, deren Verfechter von der Überlegung ausgehen, dass der Mehrwert, der durch die Steigerung der Produktivität geschaffen wird, nicht nur den Betriebseignern und Kapitalgebern zugutekommen darf, sondern dass auch diejenigen etwas davon abbekommen müssen, die ihre Arbeitskraft in den Produktionsprozess einbringen. In Zeiten hoher Arbeitslosigkeit kann zudem die spärlich vorhandene Arbeit an mehr Menschen verteilt werden, wenn alle weniger arbeiten.

Neben dem ökonomischen Aspekt und dem Gerechtigkeitsfaktor orientiert sich die grüne Vision der Arbeitszeitverkürzung aber auch am Wert der Freizeit. *Arbeiten zum Leben, nicht leben zum Arbeiten* heißt eine Broschüre der Grünen, in der François Bausch 1993 den direkten Übergang von der 40- zur 35-Stunden-Woche mit vollem Lohnausgleich fordert. Drei Jahre später wirbt er erneut für sein Anliegen, als der französische Sozialist Michel Rocard das Thema auf die Agenda des Europaparlaments setzt. 1999 reicht er einen Gesetzvorschlag ein, der die Zahl der Urlaubstage per Gesetz auf mindestens 30 im Jahr anheben soll. Im März 2000 fordert die Grünen-Fraktion die Regierung in einer Motion auf, die 35-Stunden-Woche bis Ende des Jahres 2003 gesetzlich einzuführen.

Aber ein Jahr nachdem dieses Stichdatum ergebnislos verstrichen ist, verschwindet die Arbeitszeitverkürzung nicht nur aus dem Wahlprogramm der Grünen, auch im *Neuen Kapital für Luxemburg* taucht sie nicht mehr auf. Heute erklärt François Bausch den Verzicht auf die langjährige Forderung mit der Erkenntnis, dass die gesetzliche Einführung der 35-Stunden-Woche scheitern muss – und in Frankreich gescheitert ist – weil die Bedingungen in den verschiedenen wirtschaftlichen Sektoren zu unterschiedlich sind. Zu der Notwendigkeit der Umverteilung der Arbeit steht er weiterhin. „Durch die Digitalisierung können bald auch intellektuelle Arbeitsplätze durch Maschinen und Roboter ersetzt werden."

8. Lieber rot, blau oder schwarz?

Wie steht es also um die politische Gesinnung der Grünen? Auch die Presse lässt das Thema scheinbar nicht los. Vor der Wahl 2009 stellt die *Revue* dem Grünen-Fraktionschef die Frage: „Wo stehen denn die Grünen?" Die Antwort: „Wir stehen klar links von der Mitte". Das scheint dem Journalisten dann doch zu unpräzise zu sein, er hakt nach und wird persönlich: „Von Ihnen, Herr Bausch, heißt es ohnehin, Sie strebten eine Koalition mit der CSV an." Die diplomatische Antwort: „Die Menschen sind verunsichert und erwarten eine Vision, wie es in Zukunft weitergeht. Wir Grünen wollen unsere Vision klar auf den Tisch legen. Wenn wir gestärkt werden, wollen wir Regierungsverantwortung übernehmen. Das tun wir dann mit denen, die bereit sind, ein Maximum unserer Ideen zu übernehmen." Nach der Wahl lehnt er Koalitionsgespräche mit der CSV (26 Sitze) ab, damit Jean-Claude Juncker die ohnehin im Verhältnis schwache LSAP (13 Sitze) nicht auch noch mit den Grünen erpressen kann. Obwohl Schwarz-Grün über eine bequeme Mehrheit von 33 Sitzen verfügen würde, weigert er sich, dem CSV-Premier den grünen Steigbügel zu halten.

François Bausch achtet in seiner ganzen Laufbahn als heimlicher Parteichef geschickt darauf, sich nicht in die Abhängigkeit der einen oder anderen Partei zu begeben. Er will um jeden Preis verhindern, dass die Grünen in eine Schublade gesteckt werden. Von Anfang an sind sie in beide Richtungen des Spektrums für Koalitionen offen – sei es mit der CSV, der DP, der LSAP oder mit *Déi Lénk*. Bezeichnend hierfür stellt die Wahlbroschüre von 1999 die Konsensfähigkeit ihres Spitzenmannes in den Vordergrund. François Bausch sei wie kein anderer dafür bekannt, „unterschiedliche Meinungen und Überzeugungen unter einen Hut zu bringen".

CSV, LSAP, DP? Seit es die Grünen gibt, rätseln politische Beobachter, besonders aber ihre Gegner, welcher der traditionellen Parteien sie wohl am nächsten stehen. Die ersten Öko-Politiker gelten noch als verkappte Sozis. Es ist die Zeit des Tomatenvergleichs: zuerst seien sie grün, würden dann bei ausreichender Reife rot. Da die Farben in der Realität des politischen Lebens umgekehrt gewechselt haben, hält sich das Klischee nicht lange. Es folgt, in Zeiten des heimlichen Parteivorsitzenden Bausch, der Vorwurf, sie seien eine umweltfreundliche Kopie der DP, wohl auch weil sie in zunehmendem Maße junge, bürgerliche Kreise ansprechen und ihr Spitzenmann Anzug und Krawatte trägt. Schließlich wird den Grünen auch in regelmäßig wiederkehrenden Zyklen eine Neigung zur CSV nachgesagt, vermutlich weil Christen und Naturschützer eine Reihe ethischer Werte teilen.

Für das *grün-alternative Jahrbuch* verfassen François Bausch und Jean Huss 1989 einen Bericht über die politische Lage in Luxemburg. Darin erklären sie, die LSAP sei „am stärksten betroffen vom kontinuierlichen Aufstieg der Grünen". Die Sozialisten sähen in der grün-alternativen Bewegung „eine rivalisierende Strömung, die das traditionelle sozialdemokratische Wählerpotential aufgebrochen hat". Als Ende 1993 GAP und GLEI über das weitere gemeinsame Vorgehen diskutieren, sieht François Bausch inhaltliche Differenzen zwischen den zwei grünen Organisationen vor allem in der Koalitionsfrage. „Die GAP ist nicht warm für Koalitionen mit der CSV, weil so ein falsches Signal gesetzt würde", sagt er. Für ihn muss zuerst eine Diskussion über ein gesellschaftliches Bündnis, das die bestehenden Probleme lösen kann, geführt werden.

Nach der Parlamentswahl 1999, in deren Folge die geschlagene LSAP in die Opposition geht und die Linke insgesamt geschwächt worden ist, organisiert die Wochenzeitung *Gréngespoun* ein Rundtischgespräch mit Alex Bodry für die LSAP, André Hoffmann für *Déi Lénk* und François Bausch für die Grünen. Auf die Option einer „rosa-rot-grünen" Regierung angesprochen antwortet Bausch, man sollte „in den nächsten Jahren darauf hinarbeiten, diese Perspektive maximal zu fördern". Aber: Eine Koalition aus LSAP, *Déi Lénk* und *Déi Gréng* hätte 1999 lediglich 19 von 60 Sitzen, was Alex Bodry mit der Bemerkung quittiert, man dürfe „in der Politik träumen, aber man sollte es nicht zu viel tun". Auch bei den darauffolgenden Wahlgängen scheint sich Bodrys Anmerkung zu bewahrheiten: 2004 ist *Déi Lénk* gar nicht im Parlament vertreten, 2009 und 2013 käme die hypothetische Linkskoalition gerade mal auf 21 Sitze.

François Bausch betont schließlich seine Hoffnung auf ein gesamtgesellschaftliches Klima, „das für die nächsten Wahlen einen wirklichen Wechsel in Aussicht stellt, wie wir ihn in diesem Land nur einmal erlebt haben: 1974 bis 1979". Den gemeinsamen Gegner nennt er beim Namen: „Ein solcher Wechsel ist blutnotwendig, schon allein wegen all der gesellschaftspolitischen Fragen, die anstehen, und in denen es mit der CSV nie zu einer Einigung kommen kann. Aber wir müssen auch endlich die Arroganz des CSV-Staats brechen, in dem wir leben."

Dennoch: Die ersten Koalitionen auf kommunaler Ebene, an denen sich die Grünen beteiligen, vereinen sie mit der CSV. Die Versuche in Petingen und Junglinster überleben keine ganze Legislaturperiode. Erst die schwarz-grüne Koalition in Sassenheim hat Bestand. Nach den durch die Krise innerhalb der sozialistischen Partei notwendig gewordenen Neuwahlen wird 1997 Robert Rings, einer von Bauschs engsten Freunden aus gemeinsamer Juso-Zeit, grüner Schöffe unter CSV-Bürgermeister Fred Sunnen. Rings gehört zum Schlag neuer Parteimitglieder, die Bausch, wie Renée Wagener es bezeichnet, „in den Kram passen" und die er laut ihr im Laufe der Zeit gezielt an Land ziehe, um die Pragmatiker unter den Grünen zu stärken.

Im selben Jahr startet Jean Asselborn als neuer Präsident der sozialistischen Partei den eher zaghaften Versuch einer Fusion der LSAP mit

Déi Gréng. Mit seinem Argument, die Grünen seien ohnehin im Abwärtstrend, handelt er sich eine schroffe Absage von François Bausch ein, der in einem Gastbeitrag im *Lëtzebuerger Land* Asselborns unfreundlichem Übernahmeangebot eine „gemeinsame Gegenstrategie zum neoliberalen Diskurs" entgegensetzt. Er sieht im sozialistischen Vorstoß den Beweis der Angst des LSAP-Oberen vor der grünen Konkurrenz. „Il aimerait que les Verts plantassent chaque jour un tilleul devant le Parlement et y viennent siéger en sandalettes médicales", stichelt er in einem Interview im *Républicain Lorrain* gegen den LSAP-Chef.

Politisch, inhaltlich, aber auch beziehungsmäßig zeigen im Laufe der Jahre die Hinweise in alle möglichen Richtungen. Zu François Bauschs 50. Geburtstag erscheinen im Herbst 2006 Lucien Weiler und Laurent Zeimet von der CSV, Bürgermeister Paul Helminger von der DP und Wirtschaftsminister Jeannot Krecké von der LSAP.

Medienwirksam versteht es François Bausch in dieser Zeit, die menschliche Komponente der Politik in den Vordergrund zu stellen. Im *Paperjam* bekennt er, dass sein gutes Verhältnis zur hauptstädtischen DP auf Personen wie Paul Helminger und Anne Brasseur zurückzuführen ist. Auf die LSAP bezogen wünscht er sich mehr Asselborn, Krecké und Di Bartolomeo und, wen wundert's, weniger Goebbels. Bei der CSV nennt er Wiseler, Schiltz und Juncker auf der Positivseite und plädiert für „beaucoup moins de Mosar".

★ ★ ★

Der hauptstädtische DP-CSV-Schöffenrat kommt beim Publikum nicht gut an, als er am 1. Juli 2003 das Anwohnerparken einführt. Zahlreiche Bürger verübeln den Verantwortlichen das neue Regelwerk, aber nicht der zuständige CSV-Verkehrsschöffe Paul-Henri Meyers muss dafür geradestehen, sondern Bürgermeister Paul Helminger. Obwohl das

Anwohnerparken nichts mit Landespolitik zu tun hat, verpasst die Wahlbevölkerung dem DP-Mann bei der Parlamentswahl 2004 die Quittung: War er 1999 noch direkt in die Kammer gewählt worden, so fällt Helminger 2004 auf der Liste seiner Partei auf den sechsten Platz zurück – ein gewisser Xavier Bettel hat sich vor ihn gedrängt – und rückt erst in die Abgeordnetenkammer nach, als Lydie Polfer auf ihr nationales Mandat verzichtet und für ihre Partei ins Europaparlament einzieht. Paul-Henri Meyers hingegen verbessert sich auf der CSV-Liste vom achten auf den fünften Platz.

Die Grünen erkennen die Richtigkeit des Anwohnerparkens, François Bausch und Viviane Loschetter, ihre zwei Vertreter im Gemeinderat, stimmen für das neue Reglement. Ungeachtet dessen steigern *Déi Gréng* bei den folgenden Parlamentswahlen ihren Stimmenanteil im Bezirk Zentrum um vier Prozent von 9,6 auf 13,6 Prozent und gewinnen einen dritten Sitz hinzu. Besonders François Bausch räumt ab. Das Magazin *Télécran* bewundert sein Traumergebnis: „Zwar traten die Grünen ohne Spitzenkandidat an, doch ist einer ihrer Kandidaten Spitzenklasse beim Stimmenfang: *Fränz* Bausch brachte es auf 19.502 Stimmen im Zentrum. Er schlägt damit den Erstgewählten der LSAP, Jeannot Krecké, käme bei der DP gleich nach Lydie Polfer auf Platz zwei, noch vor Anne Brasseur, und würde auf der CSV-Liste immerhin noch Vierter, nur knapp hinter Laurent Mosar."

Weil er Helmingers schlechtes Abschneiden als ungerecht empfindet, sendet Bausch dem angeschlagenen Bürgermeister per SMS Worte des Trostes. Später kündigt Paul Helminger an, bei der Gemeindewahl 2005 nicht mehr antreten zu wollen. An dem Abend ist François Bausch zu Gast im *Journal* von RTL. Er lobt Helminger, als Caroline Mart ihn am Rande zu dessen Verzichtserklärung befragt, und bedauert öffentlich seine Entscheidung. Der amtsmüde DP-Politiker dankt per SMS.

Die Tragweite solch geschickten Netzwerkens zeigt sich in der Folge: Im Oktober 2005 tritt Paul Helminger dennoch wieder zur Gemeindewahl an. Die DP wird mit ihm erneut stärkste Partei in der Hauptstadt. Gleichzeitig gelingt den Grünen der Husarenstreich, ihre Sitzzahl von zwei auf fünf Mandate mehr als zu verdoppeln. Vor diesem Hintergrund plädiert der souverän wiedergewählte Bürgermeister einen Tag nach der Wahl für den Wechsel des Koalitionspartners. Das ist für viele Grüne eine Überraschung. Noch am Wahlabend hatte Camille Gira mit den Freunden in der Stadt gefeiert und gejubelt, fünf Sitze seien die beste Voraussetzung für eine gute Oppositionspolitik. Aber die DP schickt die CSV in die Opposition und lädt die Grünen als Partner ein. Die Vertrauensbasis, die sich in dieser Koalition aufbaut, wird weitreichende Folgen haben.

Eigentlich sind sich die Blauen und die Grünen lange Zeit nicht „grün". Bei den vormals „Alternativen" gelten die Liberalen als „Schickimicki-Partei". Die „vornehmen" Blauen schütteln den Kopf über die unorthodoxen „Müslifresser". Auch François Bausch und Paul Helminger haben manche verbalen Scharmützel hinter sich. Besonders in Immobilienfragen wie beim *Ban de Gasperich* sind sich die beiden nicht einig. Noch drei Monate vor den Gemeindewahlen 2005 wettert Bausch gegen die von Blau-Schwarz beschlossene Absenkung der Gewerbesteuer in der Hauptstadt. Gleichzeitig aber begrüßen die zwei grünen Gemeinderäte den neuen Stadtentwicklungsplan als „exzellente Basis", um der Stadt Luxemburg „einen zweiten Atem zu bringen".

Vor 2005 gibt es in Luxemburg rot-grün und schwarz-grün regierte Gemeinden, die blau-grüne Variante besteht noch nicht. Doch nach einigen Jahren Zusammenarbeit am *Knuedler* und einer gewissen Annäherung im Parlament, wo die beiden Fraktionen ab 2009 zahlenmäßig mit neun und sieben Sitzen fast auf Augenhöhe sind, taut das Verhältnis auf. Auch die neuen blauen Frontmänner Xavier Bettel und Claude Meisch tragen dazu bei, alte Vorurteile aufzubrechen.

Dabei geht es den jungen Blauen zunächst darum, aus der Oppositionsrolle herauszukommen. Ihren vorläufigen Höhepunkt findet die neue Partnerschaft in gemeinsamen Pressekonferenzen von François Bausch und Claude Meisch im Kampf gegen das Stadionprojekt der Regierung in Liwingen und in Sachen Steuerreform. Derweil werden in der guten Stube einer grauen Eminenz der DP Fäden gesponnen, aus denen in nicht allzu ferner Zukunft für Luxemburg neue politische Strickmuster hervorgehen werden.

Der ältere Herr, in dessen Wohnung Speis und Trank serviert werden, erinnert sich gerne an seine Rolle im Hintergrund von Gaston Thorn, der Luxemburg von 1974 bis 1979 mit einer DP-LSAP-Koalition regierte. Er träumt von einer politischen Konstellation, die erneut ohne die CSV auskommt. Vier- bis fünfmal treffen sich Vertreter seiner DP und der Grünen privat, weitab von allen Scheinwerfern und ohne, dass auch nur in den leisesten Tönen darüber in der Öffentlichkeit geredet wird. Sogar innerhalb der beiden Parteien bleiben die Treffen der sogenannten „Pizza-Connection" geheim. Die Verschwiegenheit stärkt das Vertrauen. Da alle Eingeweihten den Mund halten, werden diese ersten Vorzeichen einer neuen Ära in keinem Artikel, keiner Analyse, keiner Reportage und auch nicht in dem Buch, das nach der Bildung der rot-blau-grünen Dreierkoalition über deren Entstehungsgeschichte geschrieben wird, erwähnt.

Vielen DP-Politikern sitzt seit der haushoch verlorenen Parlamentswahl 2004 die Koalitionserfahrung mit der CSV tief in den Knochen. Die Überzeugung, in der Legislaturperiode von 1999 bis 2004 eine gute Politik gemacht zu haben, wird von den Wählern nicht geteilt. Vor der Wahl glaubt mancher DP-Verantwortliche, seine Partei werde gar im Süden, ihrer traditionellen „Achillesferse", beachtliche Zugewinne erzielen, da die öffentlichen Bediensteten nun auch dort zur größten Wählergruppe geworden sind. Wider Erwarten honorieren die Staatsbeamten die Geschenke der DP-Ministerin Lydie Polfer und des eigens für den öffentlichen Dienst als Staatssekretär eingesetzten Staatsbeamtengewerkschafters Jos Schaack nicht.

Nach der Wahl bleibt die Ernüchterung. Gegenüber dem Traumergebnis von mehr als 22 Prozent im Jahre 1999, das die Liberalen zu einem großen Teil den Proteststimmen ebenjener Staatsbeamten verdanken, die der CSV und vor allem den Sozialisten die Abschaffung ihres Pensionsregimes nicht verzeihen, geht ihr Stimmenanteil 2004 landesweit auf 16 Prozent zurück. Der Verlust von mehr als sechs Prozent der Stimmen und fünf Mandaten ist jedoch kein Zeichen der Ablehnung der Regierungspolitik, denn der Koalitionspartner CSV legt um genau dieselbe Sitzzahl zu. Das verleitet Jean-Claude Juncker dazu, Vizepremierministerin Lydie Polfer am Wahlabend zuzuflüstern, sie solle vor Fernsehkameras und Rundfunkmikrofonen die Niederlage mit der Aussage relativieren, die Koalition an sich sei ja nicht abgestraft worden. Als ihr durch die Reaktionen auf diese Behauptung erst recht klar wird, wie sehr sie vom Koalitionspartner hereingelegt worden ist, macht sich in großen Teilen der DP eine tiefe Abneigung gegenüber der CSV breit. Am 13. Juni 2004 erlebt die DP ihr „blaues" Wunder und beginnt nach Alternativen zu suchen.

Ein Jahr vor dieser Wahl kommt es bei den Grünen in der Koalitionsfrage zum Gezerre, weil Jean Huss öffentlich erklärt, die nächste Regierung müsse ohne die CSV gebildet werden. Als Huss auch die Sozialisten zu einer Koalitionsaussage gegen die CSV auffordert, pfeift ihn der damalige Organisationssekretär der LSAP Dan Kersch zurück und reibt sich im gleichen Atemzug an einem „anderen grünen Joschka-Verschnitt".

Innerhalb der grünen Partei ist die Breitseite gegen die CSV nicht unumstritten. Parteisprecherin Viviane Loschetter, damals noch nicht im Parlament, schwächt den Aufruf ihres prominenten Parteifreundes ab.

Camille Gira hingegen erklärt in der *Revue* unumwunden, er sei der CSV überdrüssig und meint, eine oder zwei Regierungsperioden ohne die dominante christlich-soziale Partei würden dem Land guttun. Darauf reagiert Premierminister Jean-Claude Juncker, als das gleiche Wochenmagazin ihn einige Monate später fragt, ob er sich eine schwarz-grüne Koalition vorstellen kann: „Ich erinnere mich an Aussagen von Camille Gira, der in Ihrer Zeitschrift bekundete, er sei glücklich, wenn die CSV in die Opposition müsste." Was den CSV-Chef nicht daran hindert, nach den Wahlen mit den Grünen zu reden und über die Partei zu urteilen: „Sie macht von Programmatik und Personal her den Kreis der regierungsfähigen Parteien größer: eine positive Entwicklung in unserer demokratischen Landschaft."

Juncker hat gut reden. Die CSV ist in der Tat, nicht zuletzt auch durch die Grünen, in der Luxemburger Politik fast unumgänglich geworden, wie bereits 2003 in der *Revue* beschrieben wird: „Eine Regierung ohne CSV-Beteiligung gilt dennoch als Geheimwunsch vieler Linker und Liberaler, denen besonders Reformen im gesellschaftspolitischen Bereich am Herzen liegen. Der sozial-liberalen Koalition aus den Siebzigerjahren weint immer noch so mancher von ihnen eine Träne nach. Doch seit die Neulinge *Déi Gréng* und ADR aufs parlamentarische Karussell aufgestiegen sind, kann diese schöne Zeit nicht mehr zurückkommen, da es arithmetisch nicht mehr für eine eigene Mehrheit von LSAP und DP reicht. Deshalb können die Verfechter einer CSV-losen Regierung nur noch von einer Dreierbeziehung träumen, wie sie beim Nachbarn Belgien – gut – funktioniert." Für die belgischen Grünen wird die Regierungsbeteiligung mit Liberalen und Sozialisten allerdings bald zum Desaster. Für ihre luxemburgischen Freunde wird sie zehn Jahre später Wirklichkeit.

Vor dem Urnengang 2004 diskutieren die Grünen in einem internen Seminar über ihre Vorgehensweise, falls sie, wie von den Umfragen vorausgesagt, zu den Wahlgewinnern gehören sollten. Entsprechend dem Außergewöhnlichkeitsfaktor einer grünen Regierungsbeteiligung mit der CSV nennen sie diese These intern das *scénario hors catégorie*. Um dennoch für alle Fälle gewappnet zu sein, analysieren sie das Programm der christlich-sozialen Volkspartei und legen die Marschroute für eventuelle Verhandlungen prophylaktisch fest.

Es wird das erste Wahljahr seit 20 Jahren (1984 kamen die LSAP mit 21 und die DP mit 14 Sitzen zusammen auf 35 von damals 64 Mandaten), in dem zahlenmäßig eine andere Mehrheit als die der CSV mit der DP oder mit der LSAP möglich ist. Da die DP fünf und die ADR zwei Mandate einbüßt und die Sozialisten trotz Oppositionsbonus lediglich einen Sitz hinzugewinnen, gibt es überdies nur zwei klare Wahlgewinner: Die Christsozialen, die fünf Mandate zulegen und damit 24 erreichen, sowie die Grünen, die ihre Sitzzahl von fünf auf sieben erhöhen. Schwarz-grün erzielt erstmals mehr als die zur Mehrheit benötigten 30 Sitze.

Dem Wahlergebnis entsprechend ruft Regierungsformateur Jean-Claude Juncker auch eine Abordnung der grünen Partei in sein Büro. François Bausch, Henri Kox und Viviane Loschetter gehen ohne Anspruch ins Gespräch. Das Kräfteverhältnis scheint ihnen für ihre Partei doch zu ungünstig zu sein. Auch Juncker, mit seinem offenkundigen Hang zur LSAP, sieht wenig Aussicht auf eine Zusammenarbeit. Auf keinen Fall möchte er aber die Tür zu der jungen Partei ganz zuschlagen. Demnach empfiehlt er seinen Gesprächspartnern, als Grund der Nichteinigung lediglich die als zu knapp empfundene Mehrheit anzuführen. Es solle nicht der Eindruck entstehen, zwischen Schwarz und Grün gebe es unüberbrückbare inhaltliche Differenzen. Auf das hervorragende Ergebnis von François Bausch anspielend stellt der Premierminister dann die Hypothese in den Raum, im nächsten Jahr in der Hauptstadt etwas zusammen zu versuchen. Das im Sommer 2004 herrschende politische Kräfteverhältnis lässt durchaus die Vermutung zu, dass die DP auch bei der Kommunalwahl 16 Monate später Federn lassen werde: Bei der Parlamentswahl ging ihr Stimmenanteil in der liberalen Hochburg Luxemburg-Stadt um zehn Prozent zurück und die CSV zog souverän an ihr vorbei. Bausch gibt Juncker zu verstehen, dass das nötige gute CSV-Ergebnis wohl mit Claude Wiseler als Spitzenkandidat zu erreichen sei, nicht aber mit Laurent Mosar. Wiseler folgt dann aber dem Ruf in die Regierung, Mosar führt die CSV 2005 in den Gemeindewahlkampf und Junckers Plan für die Gemeindeführung wird wie von Bausch vorhergesagt zum Desaster: Die CSV verliert die Wahl und die Grünen verdrängen sie zum ersten Mal in der Geschichte der Hauptstadt aus dem Schöffenrat.

Als bei der Legislativwahl 2009 die CSV weiter zulegt und die DP aus der Opposition heraus noch einmal Stimmen und einen Sitz verliert, läuten bei den Blauen endgültig die Alarmglocken. Nur noch zwei Mandate trennen nun Grün von Blau. Bei der DP, aber auch bei den Grünen, setzt sich langsam der Eindruck durch, dass man im bisherigen Stil nicht mehr weiterkommt. Aber was sind die Alternativen? In einer 2008 von den Grünen in Auftrag gegebenen Meinungsumfrage geben zwar 46 Prozent der Befragten an, sich eine Regierung ohne CSV vorstellen zu können; für 43 Prozent, fast genau so viele, kommt das allerdings nicht in Frage. Sogar von denjenigen, die sich in der Sonntagsfrage zu den Grünen bekennen, können sich lediglich 52 Prozent eine Regierung ohne CSV vorstellen. Das sind keine idealen Voraussetzungen für die Bildung einer alternativen Koalition.

Bei den Treffen der blau-grünen *Pizza-Connection*, bei denen es Besseres als Pizza zu essen gibt, spielen die beiden Fraktionssekretäre eine zentrale Rolle. Die Wichtigkeit dieses Postens ist nicht zu unterschätzen, haben doch parteiübergreifend manche Fraktionssekretäre eine beachtenswerte politische Karriere hingelegt: Bei der LSAP bringen es Robert Goebbels, Mars Di Bartolomeo und Etienne Schneider vom Sekretär zum Minister, Frank Engel wechselt von der CSV-Fraktion ins Europaparlament und zwei Fraktionssekretäre aus den Sechziger- und Siebzigerjahren schaffen es bis auf den Präsidentenstuhl der EU-Kommission in Brüssel: Jacques Santer und Jean-Claude Juncker.

Die Sekretäre verwalten die Agenden der liberalen und grünen Teilnehmer, bereiten die geheimen Treffen vor und arbeiten die Grundlagenpapiere aus. Dazu gehört ein gemeinsames Dokument zur Steuerreform. Dass gerade die Steuerpolitik als Experimentierfeld für eine verstärkte blau-grüne Zusammenarbeit ausgewählt wird, liegt an der Brisanz des Themas für beide Seiten. Die auf Nachhaltigkeit ausgerichteten Ansichten der Grünen müssen mit den unternehmensfreundlichen Prioritäten der DP unter einen Hut gebracht werden. Sollte die Annäherung im Steuerbereich gelingen – so die Annahme – wird sie auch in anderen Politikfeldern möglich sein. Die Teilnehmer der DP denken sogar einen Augenblick lang über ein gemeinsames politisches Projekt nach. Es ist die Zeit, in der die blaue Partei in ihrem Logo einen grünen Punkt zwischen die Buchstaben D und P setzt. Das Gedankenspiel zielt in die Richtung, die beiden Parteien aufzulösen und zusammen einen Neustart zu wagen. Die grüne Seite geht nicht auf dieses Szenario ein.

Neben dem Ziel, inhaltliche Gemeinsamkeiten herauszuarbeiten, stehen auch strategische Überlegungen auf der Tagesordnung der „Pizza-Geheimbündler". Eines ihrer Planspiele läuft darauf hinaus, zur gegenseitigen Absicherung eher eine Dreier- als eine traditionelle Zweier-Koalition einzugehen. Auf diese Weise glaubt man verhindern zu können, dass ein Koalitionspartner sich übermäßig profiliert, wie das die CSV zwischen 1999 und 2004 auf Kosten der DP und von 2004 bis 2009 zum Schaden der LSAP getan hat. Kurioserweise denken die Zukunftsplaner nicht nur an eine DP-LSAP-*Déi Gréng*-Koalition, wie sie 2013 Wirklichkeit wird, sondern können sich auch ein Bündnis von Schwarz, Blau und Grün vorstellen.

Diese auf den ersten Blick überraschende Herangehensweise rührt daher, dass beide Seiten bei der LSAP nicht das geringste Zeichen von CSV-Müdigkeit wahrnehmen. Nach der Wahl 2009 liegt die LSAP sowohl für die grünen als auch für die liberalen Strategen immer noch eng in den Armen der CSV.

Tatsächlich ist die vermeintlich „logische" Allianz zwischen Grünen und Sozialisten viel weniger selbstverständlich als sie erscheinen mag. Gemeinsame rot-grüne Erfolgsgeschichten wie die Initiative zur Entkriminalisierung der Sterbehilfe des Grünen *Muck* Huss und der Sozialistin Lydie Err sind das Werk von Einzelpersonen und vermögen kaum eine gemeinsame Dynamik zu schaffen. Auch die Erfahrung der ersten rot-grünen Koalition in Esch/Alzette löst auf Landesebene keine Initialzündung aus. Aus grünen Kreisen heißt es, die Zusammenarbeit dort sei meist schwierig gewesen, nicht zuletzt, weil die Escher Sozialisten auch unter sich zerstritten gewesen seien. LSAP-Leute wiederum lassen verlautbaren, man habe vor allem Schwierigkeiten mit dem liberalen Kurs des Escher Spitzenmannes Felix Braz gehabt. Das rot-grüne Verhältnis scheint von Anfang an auch durch die vermeintliche Nähe der beiden Parteien gestört zu sein. Manche sozialistische Würdenträger werfen noch heute den Grünen vor, in ihrer 30-jährigen Entwicklung von null auf zehn Prozent der Wählerstimmen vornehmlich das Potenzial der LSAP angezapft zu haben. Wählerumfragen zeigen allerdings, dass die Grünen allen drei großen Parteien Stimmen abjagen, die meisten sogar der DP, gefolgt von der CSV und in geringerem Maße der LSAP.

Erste Anzeichen eines roten Richtungswechsels vernimmt die Öffentlichkeit erst 2011, als Arbeitsminister Nicolas Schmit (LSAP) sich von den Sparvorschlägen des CSV-Finanzministers Luc Frieden distanziert. Eine weitere Abkehr der Sozialisten vom Koalitionspartner wird ab dem Amtsantritt des neuen Wirtschaftsministers Etienne Schneider Anfang

2012 fühlbar. Aber auch der neue LSAP-Spitzenkandidat sendet erst drei Monate vor den vorgezogenen Wahlen 2013 konkrete Signale in Richtung der Grünen und der DP. Im Gegensatz zu seinen älteren Parteigenossen ist der junge Politiker nicht mit Ressentiments gegen die Gründungsväter der Grünen vorbelastet: Als Huss und Bausch den sozialistischen Parteioberen als rebellische Jusos auf die Nerven gingen, lief der kleine Etienne noch in kurzen Hosen durch die Straßen von Tetingen.

***

Und doch gehen die ersten zaghaften Versuche in Richtung einer Ampelkoalition auf die frühen Neunzigerjahre zurück. 1993 erklärt François Bausch in einem Interview mit Jean Maric Meyer im *Lëtzebuerger Land*: „Wir werden Allianzen brauchen – etwa mit den wenigen Sozialisten, die beim Aufbau einer gesellschaftlichen Alternative mitmachen wollen, sowie mit den in der DP noch übrig gebliebenen Linksliberalen, die eingesehen haben, dass wir in eine andere Richtung gehen müssen." Aber auch DP-Oppositionsführer Henri Grethen nennt in jenen Jahren ein Regierungsbündnis aus LSAP, DP und Grünen eine reale Alternative. Als die Liberalen die Wahl 1999 eindeutig gewinnen und Jean-Claude Juncker den natürlichen Koalitionspartner erst einmal aus der Schmollecke heraus schmoren lässt, fragt Grethen diskret bei François Bausch nach, ob er sich ein Dreierbündnis vorstellen könne. Bausch lehnt ab, da er seine Partei noch nicht reif für eine Regierungsbeteiligung sieht, obwohl die drei Parteien zusammen über 33 Sitze verfügen. Schließlich geht Juncker dennoch auf die DP zu und bildet wie erwartet eine schwarz-blaue Koalition unter seiner Führung. Bei der darauffolgenden Wahl 2004 hätte Rot-Blau-Grün 31 Sitze, aber diesmal sind es die Sozialisten, die mit der CSV koalieren. 2009 erreicht ein Bündnis links der Christlich-Sozialen keine Mehrheit.

2013 baut François Bausch im Rahmen des SREL-Untersuchungsausschusses eine Vertrauensbasis zu LSAP-Präsident Alex Bodry auf. Sie kennen sich seit langem, haben beide doch ihre ersten Schritte in die Politik auf dem gleichen sozialistischen Parkett gewagt. Auch der DP-Abgeordnete Claude Meisch gehört zum inneren Zirkel bei der SREL-Aufbereitung. Neben der exzellenten Zusammenarbeit von Xavier Bettel und François Bausch in der blau-grünen Koalition der Hauptstadt bringt diese Erfahrung die DP-LSAP-*Déi Gréng*-Regierung ein weiteres Stück näher.

9. Mutig oder missmutig?

„Sie müssen den Titel umändern", ereifert sich der grüne Europaabgeordnete Michael Cramer, als er hört, dass in diesem Buch über François Bausch ein Kapitel „Mutig und missmutig" überschrieben werden soll. In den drei Jahren, in denen Cramer als Vorsitzender des Verkehrsausschusses im Europaparlament den Minister aus Luxemburg kennengelernt hat, habe er ihn nie missmutig erlebt. „Im Gegenteil, er ist immer freundlich, gut gelaunt und korrekt." Cramer findet, dass François Bausch sehr souverän auftritt. Diese Einschätzung teilt der belgische EU-Parlamentarier Philippe Lamberts, der seinen Luxemburger Parteikollegen schon mehr als zehn Jahre kennt. Er findet ihn einfach im Umgang und sieht in ihm das genaue Gegenteil eines kalten Technokraten. „Il sait rire et sourire." „Schreiben Sie doch ‚Mutig statt missmutig'", schlägt Michael Cramer schließlich vor.

Nicht jeder urteilt so offenherzig positiv über François Bausch wie die beiden Europapolitiker. Denn zeitlebens kämpft der Ausnahmepolitiker, zumindest in Luxemburg, mit einem unterschwelligen Imageproblem. Hartnäckig hält sich die Meinung, Bausch sei irgendwie unfreundlich. Anscheinend wirkt er auf Zeitungsfotos und vor Fernsehkameras manchmal so. Missmutig eben. Man hört auch, er sei arrogant, vermessen, rechthaberisch oder grantig. Als Politiker in der Öffentlichkeit zu grantln, sich arrogant, vermessen oder rechthaberisch aufzuführen, das wurde bislang nur einem Jean-Claude Juncker verziehen. Dass François Bausch auch Ecken und Kanten zeigt, beurteilt der Psychologe Gilbert Pregno positiv: „Solche Menschen kann man spüren. Ein Politiker, der auch negative Gefühle zeigt, ist authentisch." Dieses emotionale Auftreten – das Pregno auch bei Leuten wie Jean Asselborn und Charel Goerens beobachtet – sei ein Beweis von Spontaneität. „Es zeigt, dass sein Auftrag aus dem Bauch kommt, dass er Politik aus Überzeugung macht." Bauschs Freund Guy Wagener sieht es ähnlich: „Sein politisches

Handeln stimmt mit seinen Lebensidealen überein", sagt er. „Es ist für ihn kein Zwang." Über den Minister schreibt der *Tageblatt*-Journalist Claude Clemens, man spüre förmlich die Motivation, mit der er an seine Aufgaben herantritt: „Er zieht das Koalitionsprogramm seine Ressorts betreffend durch, mit unerschütterlichem Optimismus, dass der eingeschlagene Weg der richtige ist." Laut Clemens ist seine Hartnäckigkeit stets gepaart mit dem Glauben, das Angestrebte auch umsetzen zu können. Sein früherer Fraktionskollege Robert Garcia erinnert daran, dass „er sich nie zu schade war, in die Arena zu steigen", auch dann nicht, wenn es den Anderen zu riskant war. Sogar Jean Geisbusch, der sich definitiv mit Bausch überworfen hat, erkennt an, dass er „sich den Herausforderungen stellt und hartnäckig nach Lösungen sucht". Bausch kenne seine Dossiers, die Kompetenz könne ihm keiner absprechen. „Er ist bei weitem nicht der schlechteste Minister, besonders im Vergleich zu früheren Regierungsmitgliedern wie Spautz und Halsdorf", urteilt der ehemalige Grünen-Abgeordnete. Aber ein Politiker, der allzu hartnäckig ist, kann sich auch unbeliebt machen, da extreme Zielstrebigkeit oft als Machtbesessenheit gewertet wird.

STATEC-Direktor Serge Allegrezza, ein alter Bekannter Bauschs, sieht das allerdings nicht so: „Auch wenn er seine Ziele immer klar vor Augen hat, so strahlt er doch eine gewisse Sympathie aus und kommt nicht überheblich rüber." Ähnlich urteilen seine Mitarbeiter im Ministerium und die europäischen Politiker, mit denen er in Brüssel und Straßburg zu tun hat. Woher kommt also die mitunter negative Beurteilung seiner Person?

Im Zeitalter der totalen Kommunikation sind alle Details wichtig, vor allem solche, die auf den ersten Blick nicht auffallen. Laut dem deutschen Allensbach-Institut laufen 55 Prozent der Kommunikation über Gestik und Mimik. Die Stimme zählt zu 26 Prozent. Diese vermeintlich nebensächlichen Elemente, Körpersprache und Stimme, wirken also dreimal stärker auf die Wahrnehmung ein als das, was der Politiker eigentlich sagt. Entscheidend ist demnach, ob er kerzengerade oder gebeugt vor dem Mikro steht. Ob er mit den Händen fuchtelt oder ob sie ruhen. Ob das Kinn nach unten hängt oder nach oben strebt. Ob die Augen glänzen. Ob Frisur, Kleidung, Brille und Accessoires modisch sind. Dieses Zeitphänomen spielt in logischer Konsequenz jenen Politikern in die Karten, die stärker auf das Äußerliche setzen als auf den Inhalt. Es benachteiligt diejenigen, die Informationen vermitteln wollen und das Publikum argumentativ von ihrem Standpunkt überzeugen möchten.

François Bausch ist sich dieser Schemata bewusst. Das Thema Kommunikation fasziniert ihn. Er kennt seine Stärken und Schwächen und weiß, dass einige seiner Schwachpunkte wohl in der Körpersprache liegen. Von Beginn an ist er deshalb auf der Suche nach dem rechten Mittelmaß in der Außendarstellung.

Beispielsweise fällt es ihm schwer, auf Knopfdruck zu lächeln. Wenn er es tut, sieht es oft gekünstelt aus. Für Charel Margue von TNS-Ilres ist Bausch ein im Fernsehen „schwierig zu vermittelnder Mensch", weil er, wenn er konzentriert ist, rechthaberisch dreinschaue. Dany Frank umschreibt es mit Humor: „Wenn er in innerer Konzentration seinen *Droopy*-Gesichtsausdruck auflegt, sieht er unfreundlich aus." Der Minister hört auf die ungeschminkten Ratschläge der Kommunikationsbeauftragten im Nachhaltigkeitsministerium. Er schätzt es, wenn Frank ihm den Spiegel vorhält. Dennoch muss er sich keine übertriebenen Sorgen machen: In Sachen Medienwirksamkeit spielt Bausch in einer Liga mit der restlichen Politprominenz, auch bürgernahe Wähler-Lieblinge wie Jean Asselborn und Xavier Bettel ragen nicht über Mittelmaß hinaus. Eigentlich beachtetete in Luxemburg nur Jean-Claude Juncker stets die Regeln der Körpersprache wie ein gelernter Schauspieler.

Seine rhetorischen Fähigkeiten hat François Bausch laufend verbessert. Er hat Weiterbildungskurse besucht und sich von Agenturen und Spezialisten Ratschläge eingeholt. Bauschs Angewohnheit, bei öffentlichen Auftritten weder einen Text abzulesen noch irgendwelche Stichworte auf dem Papier zu haben, geht jedoch auf einen Vortrag des französischen Regisseurs Bertrand Tavernier vor Jahren im *Centre culturel français* in Luxemburg zurück. Nach zwei Stunden freier Rede ohne Notizen bezeichnete der Filmemacher Spickzettel als ein Zeichen von Faulheit. Daraufhin beschloss Tavernier-Bewunderer Bausch, künftig ohne schriftliche Gedächtnisstützen auszukommen. Im Gegenzug bereitet er sich optimal auf die Rede oder das Gespräch vor, was ihm dank seines phänomenalen Gedächtnisses und seiner hohen Konzentrationsfähigkeit ohne große Anstrengung gelingt. Mittlerweile hat er die Redetechnik derart im Griff, dass er sich sogar das Hüsteln, das er lange Zeit zum Zeitgewinn nutzte, abgewöhnt hat. Die Form seiner verbalen Beiträge bleibt nüchtern und karg. Er meidet rhetorische Verschnörkelungen und legt kaum Kunstpausen ein. „Für ihn ist der Inhalt wichtig. Daher passt er nicht unbedingt darauf auf, das Gesagte so einzupacken, dass es optimal rüberkommt", erklärt Gilbert Pregno. Er rede eher „vun der Long op d'Zong". Dany Frank fällt auf, dass er sich manchmal verhaspelt: „Um alles zu vermitteln, was er sagen will, verschluckt er auch mal eine Silbe."

Viel hängt davon ab, ob François Bausch vor einer sterilen Kamera steht oder vor einem vollen Saal redet. Freunde raten ihm, so viel wie möglich öffentlich aufzutreten, da er beim Direktkontakt mit den Menschen rhetorisch und argumentativ aufblüht. „Da wirkt er unglaublich glaubwürdig", ist Dany Frank überzeugt. Da er diese Einschätzung teilt, quillt sein Terminkalender über von öffentlichen Auftritten quer durch das ganze Land, sei es als Minister für sein Ressort, sei es als Politiker für die Partei. Er genießt es, nah an den Menschen zu sein und versteht es, ihnen seine Überzeugungen darzulegen. Er tauscht gerne Argumente im

Zwiegespräch aus, geht auf seine Gesprächspartner ein, wird selten ungeduldig, bleibt die Ruhe selbst. Charel Margue weist auch auf seine erstaunliche Überzeugungs- und Anziehungskraft im privaten Kontakt hin: „Alle sind von ihm eingenommen, wenn sie ihn persönlich kennenlernen", weiß er aus Erfahrung. Das Vermögen, im direkten Austausch zu gefallen und zu überzeugen, erklärt auch seine lange Karriere innerhalb der grünen Partei. Den Weg zum heimlichen Dauer-Parteichef hat François Bausch in internen Versammlungen und bei unzähligen Privatgesprächen geschafft. „Er ist immer für jeden ansprechbar", schwärmt die ehemalige hauptstädtische Schöffin Sam Tanson, die seinerzeit wie viele andere auch von François Bausch für die grüne Partei angeworben wurde. Der Umfang seiner Handy-Kontaktliste ist entsprechend beeindruckend.

Zu seinen Schwächen gehört, dass er nicht einfach auf Leute zugehen kann, die er nicht kennt, da ihm das wie Anbiederung vorkommt. Allerdings hat er, seit er viel mit Xavier Bettel zu tun hat, auch in dieser Disziplin einige Fortschritte erzielt. Manchmal, wenn er auf Empfängen in ein Gespräch vertieft ist, vergisst er andere zu grüßen. Oder er verweilt zu lange bei einem einzigen Gesprächspartner. Dany Frank erinnert sich an den ersten Auftritt des neuen Ministers beim Autofestival, wenige Monate nach seinem Amtsantritt. In seiner Rede vermochte er es, die zum Teil scharfen Vorurteile der Autolobby gegen einen grünen Minister zu zerstreuen. Doch anstatt dann die positive Stimmung mit gekonntem Smalltalk zu nutzen, bleibt er in einer vertieften Diskussion mit seinem ersten Gesprächspartner hängen. Das zeugt wohl von seinem Respekt für sein Gegenüber, ist aber politisch ungeschickt.

François Bausch gehört zu den Politikern, die als erste die sozialen Medien für sich entdeckt haben. Im Gegensatz zu anderen jedoch tritt er auf Facebook, Twitter und Co nicht schrill und ichbezogen auf, Privates sucht man vergeblich. Er geht behutsam mit den neuen Möglichkeiten um, nutzt sie, um seine Ideen, Pläne und Verwirklichungen sachbezogen und nüchtern vorzustellen, auch interaktiv. Als im Sommer Reklamationen von Radfahrern auf Twitter die Runde machen, lädt er die Beschwerdeführer in der Mittagsstunde zu einer Radtour durch die Stadt ein und stellt ihnen exklusiv den noch nicht eröffneten „hängenden" Fahrradweg unter der Adolphebrücke vor.

Im *Luxemburger Wort* meint Social-Media-Berater Jerry Weyer, François Bausch sei auf Twitter zwar meinungsstark, aber immer souverän und verantwortungsvoll. Weyer nennt ihn als Beispiel, „wie Politiker das Medium aktiv nutzen, ohne über die Stränge zu schlagen".

* * *

Missmutig oder nicht, darüber scheiden sich bei François Bausch die Geister. Aber kaum jemand zweifelt daran, dass er mutig ist und dies in seiner politischen Laufbahn auch stets bewiesen hat. Und die Projekte, an die er glaubt, geht er beherzt und ohne zu zögern an.

Dass die Fähigkeit, sich im richtigen Moment zu trauen, zu seinen Primärtugenden gehört, belegt auch der Blick zurück auf seine schulischen und beruflichen Anfänge: Nach seiner Entscheidung für den zweiten Bildungsweg scheut er keine Strapazen, um sein Wissen und sein Können maximal zu vervollständigen. Im Beruf nutzt er alle Chancen, die sich ihm bieten, um die Stufen der Eisenbahnerhierarchie emporzusteigen. Der prägendste Beweis für seine tiefsitzende Entschlossenheit ist aber seine politische Karriere, die ohne familiär vorbereitet zu sein ganz bei null anfängt. Er lässt sich durch keine Hürde, durch keinen Widerstand, weder durch Neider noch durch falsche Helfer von seinem Ziel abbringen, die grüne Partei in Luxemburg zu einer unumgänglichen politischen Größe zu machen. Einen derart steinigen Weg geht nur einer, der ein gehöriges Maß an Furchtlosigkeit besitzt.

Als Politiker ist François Bausch für seine Schlagfertigkeit gefürchtet. Auf Kongressen und Versammlungen, im Parlament und im Gemeinderat hat er, wie die Luxemburger sagen, „ëmmer eng parat". Doch dahinter steckt mindestens soviel Fleiß wie Mut und Talent: Bausch ist immer hervorragend in seine Dossiers eingearbeitet. Gilbert Pregno nennt ihn eine „ausgesprochene Leaderpersönlichkeit: Wenn er sich einer Sache annimmt, führt er sie zum Ziel und scheut sich nicht, Konflikte auszutragen."

10. Des einen Freund ...

Im Laufe seiner politischen Laufbahn kritisiert François Bausch mehrmals „die unrühmliche Art der grünen Streitkultur". In einem Gastbeitrag im *Lëtzebuerger Land* zitiert er 1994 die deutsche Grünen-Mitbegründerin Petra Kelly, die kurz vor ihrem tragischen Tod geschrieben hatte: „Ich glaube, dass wir zuallererst menschlich gescheitert sind. [...] Aber acht Jahre Selbstzerfleischung und fruchtlose, die politischen Aktivitäten lähmende Flügelkämpfe mit den jeweiligen Flügelmullahs und ein unerträgliches, von Neid und Misstrauen geprägtes Klima waren auch dem grünsten Wähler zu viel." Auch innerhalb der grünen Szene in Luxemburg sei nicht immer mit den feinsten Methoden gearbeitet worden, schreibt er. Er wünsche sich, dass in der Partei „die menschliche und konstruktive Auseinandersetzung niemals abhanden komme". Eine frühere Mitarbeiterin der Grünen-Fraktion erinnert sich, dass François Bausch auch seine Weggefährten stets vor zu aggressivem Verhalten und ungebührendem Auftreten gewarnt hat. Trotzdem, oder vielleicht auch gerade deshalb, gibt es Zeitgenossen, die ihm gegenüber eine beträchtliche Abneigung hegen. Mehr oder weniger scharfe Gegner hat er nicht nur in den anderen Parteien, im Staatsapparat, in der Presse, bei Lobbyisten und in der Zivilgesellschaft, sondern auch in der eigenen Partei.

Der ehemalige Abgeordnete Jean Geisbusch erinnert sich an Bauschs fulminanten Start in den Achtzigerjahren. Dass er als Neuling gleich versucht, der Bewegung seinen Stempel aufzudrücken, kommt vielen gestandenen Grünen unheimlich vor. „Nach seiner Wahl als Abgeordneter fürchteten viele von uns, dass er sich verselbstständigt", erinnert sich Geisbusch. François Bausch ist für ihn „zwar nicht geldgierig, aber absolut machtgeil". Er suche stets die Öffentlichkeit und verfolge seine Ziele knallhart: „Wenn etwas aus dem Weg geräumt werden muss, räumt er es weg", urteilt Geisbusch. „Aber was soll's. Wer seine Macht mit Spaß ausübt, ist ein zufriedener Mensch", stellt er in einem Anflug philosophischer Nachdenklichkeit fest.

Auch Renée Wagener, die anfangs sehr eng mit François Bausch zusammenarbeitet, distanziert sich mit den Jahren von ihm. Als nach der Parlamentswahl 1999 der Vorsitz der Grünen-Fraktion nicht mehr abwechselnd, sondern für die ganze Legislaturperiode von Bausch besetzt wird, ist sie als Einzige dagegen. In ihren Augen ignoriert er grüne Prinzipien, als er im Radio dem Großherzog zum Geburtstag gratuliert. Eine von François Bausch initiierte parteiorganisatorische Statutenänderung, die er mit mehr Effizienz begründet, führt ihrer Meinung nach zu weniger Demokratie: „Nun glich die Fraktion einer Firma, die gut funktioniert. Aber es kam keine Inspiration mehr von der Basis", bedauert die Ex-Abgeordnete.

Ein beharrlicher Kritiker von François Bausch ist Robert Goebbels, der allerdings bestreitet, eine regelrechte Abneigung gegenüber seinem grünen Nachfolger zu hegen. Er finde ihn sogar menschlich eher sympathisch, „zumal er wie ich ein politischer ‚Selfmade Man' ist. Nur hat der gute *Fränz* mich zu Oppositionszeiten nie mit Seidenhandschuhen angefasst. Ich zahle es ihm heim und kritisiere, dass sein derzeitiges Handeln nicht immer im Einklang steht mit den vormaligen grünen Thesen." Gerne wiederholt Goebbels das Bausch-Zitat aus einem *Tageblatt*-Interview: „Nur ein Idiot ändert seine Meinung nie." Daraufhin betitelt der Sozialist seine Antwort in der gleichen Zeitung „*Fränz* ist kein Idiot." „Bei allen Straßenbauprojekten, die ich in meiner Amtszeit verwirklichen ließ, sahen Bausch und Genossen Biotope gefährdet", erinnert er sich. „Jede Hecke und jeder Baum waren ihnen heilig." Er freue sich natürlich, so Robert Goebbels weiter, dass der Grünen-Minister endlich „in der Wirklichkeit angekommen" sei.

Vor allem um das Großprojekt der Nordstraße streiten sich die beiden Männer, von denen der eine die Autobahn auf den Instanzenweg bringt und der andere sie schließlich einweiht. „Auf einer öffentlichen Versammlung im Alzettetal hat Goebbels mir damals sogar den Mund verboten", klagt der heutige Minister, „er sei da, um die Meinung der Bürger zur Nordstraße zu hören, die meine kenne er ja vom Parlament her". Bei so vielen Sticheleien wundert es nicht, dass auch François Bausch zeitlebens ein entschiedener Gegner des früheren Ministers gewesen ist. „Damit, dass Robert Goebbels in die zweite Reihe zurücktritt, ist es natürlich nicht getan", sagt er 1999 in einem Interview, als die LSAP mit Spitzenkandidat Goebbels eine herbe Wahlniederlage einstecken muss. Zehn Jahre später erklärt er im *Paperjam*, wie wichtig für ihn die menschliche Komponente in der Politik ist. Zu seinen konstruktiven Kontakten auf Seite der Sozialisten zählt er Jean Asselborn, Mars Di Bartolomeo und Jeannot Krecké. Auf der Negativseite fällt ihm in der LSAP nur einer ein: Robert Goebbels.

Auch Fernand Pesch, hoher Beamter im Bautenministerium, will François Bausch nicht so recht ins Herz schließen. 2003 feuert der Grünen-Politiker eine Breitseite auf den Generaladministrator ab, indem er ihm vorwirft, neben seiner Funktion im Ministerium zusätzlich die Fonds für den Kirchberg und für die Altstadt zu leiten und zu beaufsichtigen. Bausch sieht darin einen Interessenkonflikt. Als Pesch ihm dann auf einem öffentlichen Empfang zuruft: „Männi, pass op wat s de mechs" (Fernand Pesch kann sich nicht erinnern, diesen Satz gesagt zu haben, möchte es allerdings auch nicht ausschließen), wird Bausch ungemütlich. „Es reicht, Herr Pesch", kontert er und wirft dem Spitzenbeamten vor, er weigere sich seit Jahren, den *Fonds de Kirchberg* einer parlamentarischen Kontrolle zu unterwerfen. „Dieser hohe Beamte missbraucht in unseren Augen klar seine hohe Funktion und schreibt sich Gesetze so, dass sie seinen Machtapparat nicht angreifen können." Als der CSV-Fraktionschef Lucien Weiler im Streit zwischen Bausch und

Pesch seinem Parlamentarierkollegen Rufmord gegen einen hohen Beamten vorwirft, gipfelt der Streit in Bauschs Forderung, Weiler müsse sich wegen Verleumdung bei ihm entschuldigen.

Politische Gegnerschaft ist nicht immer gleichbedeutend mit persönlicher Abneigung. Zwei Jahre nach der *Causa Pesch* erscheint Lucien Weiler mit einem Geburtstagsgeschenk auf der Feier zum 50. Geburtstag von François Bausch. Es ist in der Politik nicht anders als im Büro, im Verein oder im täglichen Leben: Unterschiedliche Ansichten müssen die privaten Beziehungen nicht unbedingt negativ beeinflussen.

In der Tat gibt es einige politische Gegner, mit denen François Bausch mehr oder weniger freundschaftlich verbunden ist. Ein Flugblatt der Grünen preist die ersten zwei Jahre mit der DP im hauptstädtischen Schöffenrat als „geprägt von Kollegialität und Solidarität" an. In der Tat ist das Einvernehmen zwischen Paul Helminger und François Bausch eine wesentliche Komponente der guten Zusammenarbeit in der Stadt.

Mit dem Amtsantritt von Bürgermeister Xavier Bettel verbessern sich die Beziehungen zwischen den Spitzenleuten der beiden Parteien weiter. Am Anfang nimmt Bausch den jungen, dynamischen Tausendsassa kaum ernst, doch mit der Zeit entwickelt er zunehmend Sympathie für ihn. „Ich habe ihn schon früh darauf angesprochen, dass er das Zeug zum Premierminister hat", erinnert sich Bausch, „aber er hat nicht daran geglaubt". Es schweißt auch zusammen, wenn wie 2011 beim gemeinsamen Urlaub im ugandischen Busch der angemietete Geländewagen im Schlamm stecken bleibt und die beiden Abgeordneten samt Partnerin und Partner gemeinsam an einem Strang ziehen müssen, um den Wagen aus dem Wasserloch zu befreien.

Dass Bausch auch jenseits der Grenzen zwischen Koalition und Opposition Brücken schlägt, zeigt sein Verhältnis zu Claude Wiseler.

Den CSV-Mann schätzt er auch auf menschlicher Ebene. Die Kontakte zwischen dem hauptstädtischen Schöffen Bausch und dem Bautenminister Wiseler verlaufen unkompliziert. Wenn es dem Schöffen nicht schnell genug vorangeht, ruft er den Minister an. Besser kennengelernt haben sich die beiden auf einer parlamentarischen Reise nach Taiwan. Auf derartigen Dienstreisen vertreten Abgeordnete verschiedener Parteien gemeinsam die Interessen des Landes, so dass parteipolitische Differenzen meistens nicht mitreisen. Bei einer solchen Gelegenheit hat François Bausch auch Gast Gibéryen schätzen gelernt: „Er ist der einzige bei der ADR, für den ich Respekt habe." Er rechnet ihm seinen Weg von ganz unten – seinem eigenen ähnlich – hoch an und sieht in ihm den Garanten dafür, dass die ADR nicht nach rechtsaußen abdriftet, obwohl 44 Prozent ihrer Anhänger 2017 angeben, sie würden bei den französischen Präsidentschaftswahlen Marine Le Pen vom *Front National* wählen.

Joschka Fischer erklärt in einem Interview mit dem *Zeit-Magazin*, die meisten seiner Freunde stammten noch aus seiner Frankfurter Zeit. „Die sind sehr verlässlich – bis heute." Als öffentliche Figur sei es zweifellos so, „dass viele etwas von dir wollen, die sonst wohl nichts von dir gewollt hätten". François Bausch sieht es ähnlich: „Wenn ich meine Freundschaften und Bekanntschaften der letzten Jahrzehnte überschaue, wird mir klar, dass die tiefsten Wurzeln zu jenen reichen, die wie ich aus einfachen Verhältnissen kommen." Guy Wagener, einer davon, bestätigt: „Seine eigene Erfahrung hat ihn nachhaltig geprägt und deshalb hat ihn sein soziales Gewissen nie verlassen." In den Augen von Gilbert Pregno steht er zu seiner Geschichte: „Er ist hochgeklettert, vergisst aber nicht, wo sein Basiscamp angesiedelt ist." Bausch sei weder ein richtiger noch ein gespielter Intellektueller. Er sei das geworden, was er ist, „da er auf dem Weg seines Lebens alle sich bietenden Gelegenheiten beim Schopfe gefasst hat".

Gute Beziehungen und Freundschaften sind auch auf dem internationalen Parkett von Bedeutung. Es ist Sommer 2002. Im Herbst wählt Deutschland einen neuen Bundestag. Auf dem Bus, mit dem der grüne Wahlkämpfer Fischer durch Deutschland tourt, steht nur ein Wort: „Joschka". Auf der Bühne auf dem Viehmarktplatz in Trier steht Bundesaußenminister Joschka Fischer vor dem Mikrofon, umgeben von Sicherheitsbeamten, Trierer Grünen und François Bausch. Der Spitzenkandidat der deutschen Grünen redet eine Stunde lang über die Themen, die in diesem Sommer die Republik bewegen: Flutkatastrophe im Osten, Atomausstieg, Krieg und Frieden. Nach dem Wahlkampfauftritt fahren Fischer und Bausch zum Bernkasteler Plateau, um dort mit mehreren hundert Sympathisanten, Wahlhelfern und Sicherheitsleuten zehn Kilometer durch den Wald zu joggen. Unterwegs im Bus trinken sie eine Tasse Kaffee zusammen, Fischer isst Törtchen aus der Trierer Niederlassung einer luxemburgischen Bäckerei mit seinem Namen, die ein aufmerksamer Mitarbeiter eigens für den deutschen Vizekanzler besorgt hat. Sie plaudern über Europa und Friedenspolitik.

Die beiden finden Gefallen aneinander, denn sie haben in der Tat einiges gemeinsam. Beide haben sich aus bescheidenen Verhältnissen hochgearbeitet, sind strebsam, haben sich früh als grüne Realos ausgegeben, tragen regelmäßig Anzug und Krawatte und haben im mittleren Alter mit dem Joggen angefangen.

François Bausch nutzt die Gelegenheit, Joschka Fischer zum 20. Geburtstag der luxemburgischen Grünen im nächsten Jahr einzuladen. „Wenn ich nicht mehr gewählt werde, bin ich sicher dabei", antwortet der Bundesaußenminister, der sich im September einer schwierigen Wahl stellen muss. „Wenn wir die Wahl gewinnen, muss ich schauen, dass mein Terminplan es zulässt." Der gut gelaunte Wahlkämpfer scheint an den Sieg zu glauben, denn er fügt hinzu: „Schick die offizielle Einladung nächste Woche ans Auswärtige Amt, dann kann ich den Termin fest einplanen." Bei der Bundestagswahl einen Monat später erzielt Rot-Grün dank des guten Abschneidens der Grünen eine knappe Mehrheit und Fischer bleibt Minister. Bei seinem Amtsantritt zur zweiten Regierungsperiode liegt die Einladung nach Luxemburg auf dem Schreibtisch des Auswärtigen Amtes. Als Fischer im Juni 2003 im Zenit seiner Strahlkraft nach Luxemburg kommt, ist der PR-Effekt gewaltig. Der grüne Superstar wird von allen Seiten umworben: Der Premierminister will ihn sehen und auch die Außenministerin pocht auf einen Termin. Zahlreiche Presseorgane fragen Interviews an. Der Joschka-Auftritt in Luxemburg wird ein voller Erfolg. An der Seitenlinie strahlt François Bausch. Ein Jahr später ist Parlamentswahl in Luxemburg.

Auch in Brüssel pflegt François Bausch gute Kontakte. Violeta Bulc lernt er während der luxemburgischen EU-Präsidentschaft 2015 kennen und arbeitet gut ein halbes Jahr sehr eng mit ihr zusammen. Die EU-Kommissarin für Verkehr ist als außergewöhnliche Frau bekannt, stets gewillt, ihre Lebensweise in Einklang mit der Natur zu bringen. Die passionierte Radfahrerin schätzt den luxemburgischen Minister sehr. „François Bausch ist ein Grundpfeiler des Ministerrates, seine Beständigkeit ist eine Garantie, dass es weitergeht." Sie beschreibt ihn als freundlichen Menschen, „aber ein bisschen distanziert. Er steht zu seinen Überzeugungen und hat eine innere Kraft, die ihn immer wieder antreibt. Das gefällt mir und deshalb arbeiten wir so gut zusammen." Aggressiv habe sie ihn noch nie erlebt. Auf die Frage nach seinem Humor antwortet Bulc etwas verhalten: „François lacht gerne. Aber er macht keine Witze, eher humorvolle Bemerkungen. Da ich viel mit Kommissionspräsident Jean-Claude Juncker zu tun habe, dachte ich anfangs, alle Luxemburger hätten dessen manchmal bissigen Humor."

11. Körperliche Metamorphosen

In einer Grünen-Wahlbroschüre aus dem Jahre 1999 heißt es zu François Bauschs körperlichen Aktivitäten: „Sport, so behauptet er, erlaube ihm, Stress und politische Frustrationen abzubauen, zu bewältigen ... von den paar Kilo, die er zu viel hat, nicht zu sprechen." Zwei Jahre später wird sich die Situation drastisch verändern. François Bausch steht in einem Hotelzimmer der jordanischen Hauptstadt Amman auf der Waage und wundert sich über die drei Ziffern auf dem Display: 105. Nun sind aus den paar Kilo, die bei der letzten Wahlkampagne noch zu viel waren, mehr als zwanzig geworden. Bausch beschließt, sofort etwas dagegen zu tun.

Zurück aus dem Nahen Osten lässt er seinen Worten Taten folgen. Zur Mittagsstunde läuft er mit zwei Freunden einige Runden im Stadtwald von Kockelscheuer. Einer von ihnen bereitet sich gerade auf seinen ersten Marathon vor. Dass er den nicht einholen würde, ist klar. Dass aber auch der dritte Mann, ein mittelmäßig trainierter Bürohengst mit wenig sportlichen Ambitionen, ihn auf den gewundenen Pfaden um die Kockelscheuer Weiher abhängt, hat er nicht erwartet. Nun wird wieder das Gen aktiv, das ihn sein Leben lang und in allen Bereichen antreibt, wenn er sich unausgefüllt und in die Ecke gedrückt fühlt.

Durch eine Umstellung seiner Ernährung und hartes Training im Fitnessstudio rackert der Mittvierziger seinem Körper innerhalb von sechs Monaten 20 Kilo ab. Da sich bei Bausch Theorie und Praxis stets ergänzen, liest er aufmerksam die Lauf-Ratgeber von Herbert Steffny, dem Trainer von Joschka Fischer, und befolgt dessen Ratschläge genau. Im Oktober 2001 fühlt er sich fit genug, um am *Walfer Vollekslaf* teilzunehmen. Danach stehen die zehn Kilometer in Düdelingen, der hauptstädtische *Postlaf* und der *Peckvillercherslaf* in Nospelt auf dem Programm. Als er im Sommer 2002 eine gute Zeit beim Halbmarathon in Trier erreicht, fühlt er sich stark genug, um sich an die 42,195 Kilometer heranzuwagen. Ein Jahr nach seinem Walferdinger Debüt läuft er den Echternach-Marathon in weniger als vier Stunden, ein Jahr später noch einmal sieben Minuten schneller. Die drei Stunden und 42 Minuten bleiben bis heute seine Bestzeit. Die beiden läuferisch anspruchsvollen Nachtmarathons, die er in der Stadt Luxemburg mitläuft, schafft er nicht unter vier Stunden. Insgesamt läuft François Bausch drei Marathons in Echternach, zwei in Luxemburg und mehrere Halbmarathons.

Zu seinem 55. Geburtstag erhält er als Geschenk eine Einschreibung zum New-York-Marathon im folgenden Jahr. Beim Training beginnt allerdings bei Kilometer 33 sein rechtes Knie zu schmerzen und schwillt an. Drei Wochen vor dem Termin in New York stellt der Arzt fest, dass ein Stück Knorpel abgebrochen ist. Der Traum vom Marathon im *Big Apple* ist aus. Trotzdem fliegt Bausch in die Vereinigten Staaten, um seinen marathonvernarrten Vetter Henri Goedertz zu unterstützen. Doch dann fegt Hurrikan Sandy über New York hinweg und die Großveranstaltung wird abgesagt.

„Für die Volksgesundheit habe ich mehr geleistet als die Gesundheitsreform", scherzt Joschka Fischer beim Joggen mit Bausch in Bernkastel. „Ich treffe viele Leute, die durch mein Buch mit Laufen angefangen haben." Aber als echter Realo warnt er vor übertriebenen Ansprüchen: „Wir sind in dem Alter, da machst du keinen Spitzensport mehr. Da ist der Langlauf das Richtige, nur für dich selbst, es verjüngt dich." Beim Joggen denkt der deutsche Außenminister nach und schreibt im Kopf Texte und Artikel. „Meine Nahostpapiere habe ich beim Laufen geschrieben. Die fünf Punkte, die als Grundlage für die Haltung des Westens im Kosovo dienten, sind unten am Rhein entstanden." Der Abgeordnete Bausch seinerseits schreibt seine Reden im Kopf, wenn er am frühen Morgen von Belair in den *Bambësch* und zurück läuft.

Die Antriebskräfte, die François Bausch zu seinen sportlichen Leistungen anspornen, entsprechen jenen, die er auch für seine politischen Projekte nutzt. Es ist sein unbeugsamer Wille, jedes Ziel zu erreichen, das er sich einmal gesetzt hat. „Er muss sich selber auf die Probe stellen, will seine Kraft spüren", beschreibt es seine Frau Claudette, eine Psychologin, die er Anfang der Neunzigerjahre heiratete. Das gilt immer, egal ob die Arena eine sportliche oder eine politische ist. Ob es darum geht, ein Zeitlimit zu unterbieten, oder darum, eine Idee umzusetzen. Als Motto gilt stets, dass „dat dach net alles ka gewiescht sinn".

Eiserne Disziplin hilft ihm später, den eng gefassten Tagesablauf als Minister ordentlich zu organisieren. Da nun wenig Zeit für sportliche Betätigung bleibt, steht Bausch meist vor sechs Uhr auf und absolviert seinen Morgenlauf – zwar nicht mehr die 16 Kilometer in den *Bambësch* und zurück – aber immerhin noch eine beachtliche Distanz zwischen *Kräizgrënnchen* und Strassen. Zur Arbeit fährt er dann mit seinem klappbaren *Brompton*-Fahrrad oder mit dem neuen E-Bike. Knapp vier Kilometer sind es bis ins *Héichhaus* auf dem Kirchberg, mit einer kleinen Steigung auf dem Hin- und auf dem Rückweg. Wenn möglich, nimmt er auch das Faltrad zu den Sitzungen in der Oberstadt, wie etwa zu jenen des Regierungsrats in der *Maison de Bourgogne*.

Wenn Bausch kurz vor 8 Uhr im Ministerium erscheint, beginnt „das Treten in der Mühle", wie er seinen Tagesablauf selber bezeichnet. Im besten Fall ist um 20 Uhr Schluss, oft wird es auch viel später. Schmunzelnd bestätigt sein Bruder Marco: „Als Abgeordneter arbeitete er zwölf Stunden, jetzt als Minister hat sein Tag bis zu 18 Stunden. Aber er hat es ja so gewollt." Über seinen Terminkalender verfügt er nur begrenzt selber, er wird von seinem Sekretariat verwaltet. Restaurants sind zu Mittag ausschließlich Arbeitsessen vorbehalten. Steht keines an, nutzt er die Pause zum Joggen, vom *Héichhaus* zum neuen *Tramsschapp* am anderen Ende des Kirchbergs und zurück. „Abends esse ich oft gar nichts, oder ungesund", bedauert er. Bei Empfängen ist Alkohol tabu, privat gönnt er sich gerne ein Glas Wein. Wie etwa in den seltenen Fällen, die ihm der Terminkalender erlaubt, mit seiner Frau Claudette gemütlich zu Abend zu essen.

Überhaupt spielt Claudette Majerus eine herausragende Rolle im Leben des François Bausch. Die anfangs auch stark in der grünen Bewegung engagierte Psychologin steht ihrem Mann in schwierigen menschlichen und politischen Lagen bei, so manche Hürde hätte er ohne ihre Unterstützung wohl schwer geschafft. Dass er abseits vom Leben in der Öffentlichkeit ein wahrhaftiger Familienmensch ist, beweist sein enges Verhältnis zu Claudettes erwachsenen Söhnen Stéphane und Ben. Und für Enkelin Erin kann er sich sogar vom Politikalltag loslösen und sich mit der Familie für ein verlängertes Wochenende in einen Freizeitpark oder ins *Plopsaland* in De Panne verabschieden.

* * *

Seit Bib Bordang einst als Jugendtrainer der *Blue Boys Mühlenbach* den jungen François Bausch aus dem Nachbarviertel Rollingergrund unter seine Fittiche nahm, ist viel passiert. Bordang erinnert sich an einen unbegabten, nicht sehr agilen Heranwachsenden, dessen Tage beim Fußballverein schnell gezählt waren. Bald fand der junge Mann heraus, dass Mannschaftssport nicht sein Ding ist. Im Interview erklärt er später: „Pour moi, le sport a toujours été une façon de me défouler et de réfléchir aussi. Ce que ne m'offrent pas les sports d'équipe. Je préfère les sports d'endurance." Im Widerspruch dazu gilt er in der Politik als guter Teamplayer. Zu seiner Vorliebe für Ausdauersportarten stellt Bausch folgende politische Parallele auf: „A mes débuts, j'étais sans doute engagé de façon plus émotionnelle. Mais je me suis vite rendu compte que le combat politique est un travail de longue haleine. Ce n'est pas un hasard si j'ai une attirance pour la course de fond."

***

Im Gegensatz zum Sport hat er sich im künstlerischen Bereich, nach vielversprechenden Anfängen in der Kinderzeit, nicht weiter betätigt. „J'ai aussi joué quelques instruments de musique mais aujourd'hui j'ai arrêté", vertraut François Bausch als 50-Jähriger dem Journalisten Bruno Muller in *La Voix du Luxembourg* an. Seine Mutter erzählt, dass er mit fünf Jahren Harmonika spielen lernt – nicht Mundharmonika, das Instrument der Armen, mit dem *Änder* Bausch aus Weimerskirch, ein Cousin seines Vaters, bekannt wird – sondern Ziehharmonika. Er belegt Kurse in einer Akkordeonschule in Eich, wird als Talent gehandelt und beteiligt sich an nationalen Meisterschaften im Festsaal des *Carrefour* in der Oberstadt. In der Kategorie *Junior A* gewinnt er 1963 mit einer Wertung von 97 Prozent den ersten Preis *avec la plus grande distinction* im *Concours d'Accordéon du Millénaire*. Sein Beitrag zu einem internationalen Wettbewerb wird sogar auf eine Schallplatte aufgenommen, die er heute noch besitzt.

***

Völlig an seinem Kernthema vorbei nimmt François Bausch 2016 an einer vom *Tageblatt* organisierten Diskussionsrunde zum Thema *Mein 1-Euro-Steak auf meinem 1.000-Euro-Grill* teil. Nun fragt man sich, was ein Minister, der für Mobilität und Infrastrukturen zuständig ist, Gescheites zum Thema Ernährung beitragen kann. Doch Bausch fühlt sich pudelwohl beim Thema, gibt sich als Genießer zu erkennen und plaudert sachkundig über Esskultur und Lebensmittelindustrie. Er ist es, der die Manipulation durch die Ernährungslobby, das widersprüchliche Verbraucherverhalten, die Massentierhaltung und den Stellenwert der einheimischen Landwirtschaft thematisiert. Er gesteht ein, dass die Politik bislang nicht die nötigen Rahmenbedingungen geschaffen hat, um gesunde Ernährung für jeden wünschenswert und erschwinglich zu machen. Denn Verbote lehnt er ab, er will Anreize schaffen. „Geschmack und Genuss statt Zwang" nennt er seine Devise.

Der Hintergrund der Sachkenntnis des François Bausch in Sachen Ernährung liegt in seiner persönlichen Geschichte. Als in den späten Achtzigerjahren seine Lebenspartnerin Thers Bodé an Krebs erkrankt, probieren sie gemeinsam die auf der Grundidee des Gleichgewichts beruhende makrobiotische Ernährung aus. „Das kennt heute fast keiner mehr", bemerkt der Minister 30 Jahre später. Durch Zufall teilt Bausch mit der EU-Transportkommissarin Violeta Bulc nicht nur die Leidenschaft fürs Radfahren, auch in Ernährungsfragen haben beide ähnliche Ansichten. Salopp bringt es die Slowenin auf den Punkt: „Wir passen beide auf, was wir in unseren Körper hineinstopfen." Violeta Bulc verwendet in ihrem Hausgarten keine Chemikalien und erntet ihr Gemüse nach den natürlichen Zyklen. Das Essen ist ein beliebtes Gesprächsthema der beiden am Rande der EU-Ministerräte. François Bausch kocht auch gerne selbst, wie er 2003 als Gastkoch für das Weihnachtsmenü der Zeitschrift *Revue* mit einem Steinbuttfilet an Himbeeren auf Feldsalat eindrucksvoll unter Beweis stellt.

* * *

Im Sommer 1993 durchlebt François Bausch dank des Rotationsprinzips seine letzte politische Ruhepause. In Begleitung von Familie und Freunden fährt er für ein Wochenende ins baden-württembergische Metzingen, um im Werksverkauf des Modeunternehmens *Hugo Boss* preiswerte Anzüge aus der Vorsaison zu erstehen. Den Anzügen sieht man den Rabatt nicht an und so ereilt François Bausch zuhause bald der Ruf, er trage nur noch „teure Klamotten". Irgendeiner bringt *Armani* ins Gespräch und wie von einem italienischen Hosenträger festgezurrt bleibt dieses Etikett in der öffentlichen Wahrnehmung hängen.

Seltsam, dass gerade Bausch diesem Kleidercheck unterworfen wird, derweil die modischen Gepflogenheiten anderer Politiker offensichtlich kaum jemanden interessieren. Der Grund hierfür liegt in der immer noch stereotypen Wahrnehmung grüner Politik und ihrer Politiker, die bitteschön mit langem, ungepflegtem Bart, ausuferndem Wollpullover und einer abgenutzten Jeanshose herumzulaufen haben. *Mil* Bausch kann sich nur über das Gerücht wundern, François Bausch habe sich plötzlich zum „Luxus-Fuzzi" gewandelt. Er sei zwar nie „großspurig aufgetreten", doch habe er sich schon immer gerne adrett gekleidet. „E war nach ëmmer e bësschen houfreg." Marco glaubt, eher als den nachfolgenden Chic habe sich sein Bruder das ungepflegte Image seiner politischen Anfangsjahre aufzwingen müssen. „Diese Lässigkeit galt für die ersten Grünen als Statussymbol", bemerkt er. Seine Frau erinnert sich in der Tat, dass François „furchtbare Kleider" trug als sie ihn kennenlernte. „Ein jadegrünes Sweatshirt, in die Hose gesteckt, kombiniert mit roten Hosenträgern." Er habe damals eine einzige – hässliche – Krawatte besessen, zudem ein „völlig abgetragenes Sakko als einziges Kleidungsstück für besondere Anlässe".

Claudette Majerus versichert heute, im mittlerweile umfangreichen Kleiderschrank ihres Mannes sei sicherlich auch das ein oder andere Stück von *Armani* dabei. Allerdings habe er nie eine spezielle Kleidermarke bevorzugt. „Der Stoff, ein schöner Schnitt und kleine originelle Details sind ihm wichtiger als das Markenetikett." Anzug und Krawatte entwickeln sich ab Ende der Neunzigerjahre allmählich zum festen Bestandteil von François Bauschs öffentlichem Auftritt. Den Aufmerksameren unter den Beobachtern wird aufgefallen sein, dass sich der Minister für Nachhaltige Entwicklung und Infrastrukturen ab 2017 immer öfter mit offenem Hemdkragen zeigt.

12. Jo, mir si mam Velo do

Aus Sicht der Straßenbahngegner sind Fahrräder und Tramschienen keine guten Partner; in der Vision des Mobilitätspolitikers François Bausch ergänzen sie sich perfekt. Für Michael Cramer tun sie das auch. Der Vorsitzende des Verkehrsausschusses im Europaparlament lernt seinen Parteikollegen zur Zeit der Luxemburger Ratspräsidentschaft kennen: „Er ist ein Straßenbahnfreak und ein Fahrradfreak und das bin ich auch", stellt der deutsche Grüne zufrieden fest. Etwas amüsiert erinnert er sich an den Rat der EU-Verkehrsminister am 5. Oktober 2015 in Luxemburg. Zum ersten Mal in der Geschichte der Europäischen Union widmet ein Ratspräsident dem Thema Radfahren eine gesamte Sitzung. Minister François Bausch ordnet nicht nur an, dass seine 27 Amtskollegen sich drei Stunden lang Vorträge über das Fahrrad anhören, er hat ihnen auch einen 140 Meter langen Radweg mit Testfahrrädern im Konferenzzentrum auf dem Kirchberg einrichten lassen. „Da waren welche dabei, die bis dahin nie etwas über Fahrräder gehört hatten. Die meisten glaubten, sie seien nur für Straßen und Autobahnen zuständig", lacht Cramer. Mit der „Erklärung zum Rad als klimafreundliches Verkehrsmittel" verpflichten sich die 28 Minister dann, „das Rad als klimafreundliches und effizientes Verkehrsmittel zu fördern". Nach getaner Arbeit fahren sie vom Tagungsort mit dem Fahrrad zum Abendessen in die Altstadt. „Alle fuhren mit, keiner wollte sich blamieren", erinnert sich Cramer und provoziert: „Einige von ihnen hatten sicherlich noch nie ein Pedal unter dem Fuß." Die Rikschas, die für diejenigen bereitstanden, die sich auf zwei Rädern nicht sicher fühlten, blieben jedenfalls ungenutzt im Unterstand des Ministeriums stehen.

Es trifft sich gut, dass auch die für das Verkehrswesen zuständige EU-Kommissarin eine leidenschaftliche Radfahrerin ist. Als slowenische Ministerin fuhr Violeta Bulc in Ljubljana mit dem Rad zu den Kabinettssitzungen. „Das Fahrrad ist die Lösung, um den Bürgern ihre Stadt zurückzugeben", ist die liberale Politikerin überzeugt. „Obwohl François und ich nicht der gleichen politischen Gruppierung angehören, brachte unsere Leidenschaft für das Radfahren uns gleich näher." Die in Luxemburg angenommene Erklärung läute endlich ein Umdenken ein. „Das Jahr 2018 wird ganz im Zeichen der Multimodalität und der alternativen Transportmittel stehen", kündigt Violeta Bulc an.

* * *

Sein erstes Fahrrad bekommt der kleine *Frossi* in Weimerskirch von seiner Tante geschenkt, die im Nachbarhaus wohnt und ihm das Radfahren beibringt. Wie für alle Buben jener Zeit ist das Radeln reine Freizeitbeschäftigung, kaum einer denkt daran, es tatsächlich als Fortbewegungsmittel zu nutzen. Der Gesinnungswandel beginnt in den Achtzigerjahren. 1985 gründen Radfreunde die *Lëtzebuerger Vëlos-Initiativ* (LVI), die Jahr für Jahr mit ihrer Aktion *De Vëlo an d'Stad* den Ausbau der Fahrradwege, eine bessere Kennzeichnung der bestehenden Wege, diebstahlsichere Abstellmöglichkeiten, die Berücksichtigung der Radfahrer bei größeren Straßenbauprojekten und ein zusammenhängendes Radwegenetz für die Stadt Luxemburg fordert. Verkehrsschöffe Pierre Frieden (CSV) hält ihnen entgegen, die Gemeinde könne keine Steuermittel für solch eine Modeerscheinung ausgeben und fragt nett nach, ob die LVI ihre *Vëlosmanif* nicht auf einen Sonntag verlegen könne, das sei sicherer und würde weniger Autofahrer behindern. Transportminister Marcel Schlechter (LSAP) erklärt den LVI-Verantwortlichen unverblümt, Luxemburg eigne sich nicht fürs Rad. Sie sollten die Stadt lieber den Fußgängern und Autofahrern überlassen. Schlechters Parteifreund Robert Krieps hingegen nimmt als Umweltminister an der *Vëlosmanif* teil. Krieps fährt schon 1984 mit dem Fahrrad zu seiner Vereidigung als Minister ins Großherzogliche Palais. Den 40 Kilometer langen Radrundweg um die Stadt, den der Schöffenrat vor der Gemeinderatswahl 1993 publikumswirksam einweiht, betrachtet die *Lëtzebuerger Vëlos-Initiativ* heute noch als schlechten Witz. Die Stadträte Renée Wagener und François Bausch kritisieren 1996 zur Eröffnung der Stichstraße *Rocade de Bonnevoie* die „milliardenschweren Investitionen in Asphalt und Beton" und fordern sinnvolle Maßnahmen für die sanfte Mobilität „statt, dass häppchenweise und konzeptlos Fahrradwege aufgezeichnet" werden.

Den Teufelskreis, den es zu durchbrechen gilt, beschreibt die LVI 1988: „Weil es so wenig Radfahrer gibt, braucht man nichts für sie zu tun. Weil aber deshalb das Radfahren hier recht gefährlich ist, trauen sich so wenig Menschen aufs Rad." Als François Bausch fast 20 Jahre später das Amt des Mobilitätsschöffen in der Hauptstadt antritt, sind 56 Kilometer Wege dem Rad reserviert. Er kündigt gleich ein Maßnahmenpaket zugunsten der sanften Mobilität an. Neue Fahrradwege, verbindlich eingezeichnete Radspuren und ein flächendeckendes High-Tech-System für den Verleih von Mieträdern sollen dazu führen, dass zehn Prozent aller innerstädtischen Bewegungen mit dem Rad unternommen werden. Die CSV schlägt Alarm, ihr Hauptstadtchef Laurent Mosar hält es angesichts der Topografie und des Wetters nicht für sinnvoll, 15 Millionen Euro in ein Fahrradnetz zu investieren. Auch die geräumige Piste auf der *Passerelle*, die ab 2006 anstelle einer Autospur dem Fahrrad vorbehalten ist, bringt laut CSV keinerlei Verbesserung. Ein Jahr später beschließt der blaugrüne Schöffenrat, die Einbahnstraßen in den Tempo-30-Zonen auf dem Limpertsberg für Radfahrer in Gegenrichtung zu öffnen. Kurz darauf werden erstmals Fahrräder auf Busspuren zugelassen. Mit den neuen Maßnahmen betritt Bausch in Luxemburg politisches Neuland, das auch mit Risiken verbunden ist. Doch der Mut des Mobilitätsschöffen zahlt sich aus. Heerscharen an besserwissenden Leserbriefschreibern warten vergebens auf die prophezeiten Unfälle zwischen Autos und Radfahrern, die sie der neuen Politik und ihrer Gallionsfigur François Bausch in die Schuhe schieben möchten.

Bauschs Mobilitätspolitik in der Haupstadt ist von den Analysen des Direktors des holländischen *Fietsersbond* Bernhard Ensink beeinflusst. Der Niederländer pocht 2005 in einem Vortrag in Luxemburg auf den politischen Willen, auf den es ankomme, um ein attraktives Fahrradklima zu schaffen. „Punkt eins ist die Infrastruktur, Punkt zwei ist die Infrastruktur, Punkt drei sind die Argumente in der öffentlichen Debatte: Fahrräder nehmen wenig Platz ein, verbreiten keine schädlichen Emissionen und helfen Geld sparen", paukt Ensink den Teilnehmern am LVI-Fahrradforum ein. „Die große Zahl der Radfahrer in den Niederlanden ist der Infrastruktur zu verdanken. Ohne die fährt man nicht Rad." Bausch befolgt Ensinks Rezept gegen jeden Widerstand. Die Zahl der Radfahrer auf dem Gebiet der Hauptstadt verdreifacht sich innerhalb eines Jahres. Er selber, vertraut er dem *Luxemburger Wort* an, benutzt das Rad für 80 Prozent seiner Bewegungen in der Stadt. „Davon abhalten kann mich nur das Glatteis." Zehn Jahre später gibt es in der Stadt Luxemburg 156 Kilometer Radwege, zudem besitzen 7.000 Menschen ein *veloh!*-Abo. In sechs Jahren werden mehr als eine Million Fahrradbewegungen auf der *Passerelle*-Radpiste gezählt. Da sowohl die *Lëtzebuerger Vëlos-Initiativ* als auch Verkehrsexperten auf einer zweiten bequemen Brückenverbindung zwischen Oberstadt und Bahnhofsviertel bestehen, schlägt Minister Bausch eine „hängende" Brücke für Radfahrer unter der Platte der *Pont Adolphe* vor. Das Projekt schlummert seit Jahren in einer Schublade im Nachhaltigkeitsministerium, Bausch kramt es hervor. Aufgrund der voranschreitenden Arbeiten an der Brücke drängt die Zeit und der ganze Entscheidungsprozess muss innerhalb von drei Wochen über die Bühne gehen. „Das mit der Fahrradpiste unter der historischen Brücke finde ich toll. Auf so eine Idee muss man kommen", schwärmt der deutsche EU-Abgeordnete Michael Cramer.

1999 stimmt das Parlament dem von Bautenminister Goebbels vorgelegten Gesetz zur Schaffung eines nationalen Radwegenetzes zu. Dieses vernetzt 23 bestehende und neu zu schaffende Radwege quer durch das Land, insgesamt mehr als 600 km Wegstrecke, vornehmlich gedacht für Freizeitradler und Touristen. 2015 wird dieses Netz auf Initiative von Minister François Bausch auf etwa 1.400 km erweitert. Das neue Konzept setzt auf separate Fahrradwege innerhalb der Ortschaften, um die sanfte Mobilität insgesamt zu fördern. Die neuen Pisten werden ausschließlich geteert oder betoniert, strategisch wichtige Punkte wie Aktivitätszonen, Schulen und Bahnhöfe werden vorrangig angebunden und die Gemeinden durch finanzielle Unterstützung mit ins Boot geholt.

Ein wichtiges Element der Reform ist die Berücksichtigung der Naturschutzbelange: Die Umweltverwaltung wird bereits bei der Konzeptplanung miteinbezogen. Im Nachhaltigkeitsministerium entsteht zudem eine *cellule mobilité douce* und die Straßenbauverwaltung erhält eine Division für nachhaltige Mobilität. Das Budget für die Einrichtung neuer Radwege wird von zwei auf acht Millionen Euro erhöht. Angesichts der teils langen Prozeduren wird Bauschs Nachfolger die meisten der neuen Radwege einweihen. Genau wie auch der nächste Minister den Ausbau des Trambahnnetzes über den Kirchberg und den Limpertsberg hinaus begleiten wird. Dabei ist es durchaus möglich, dass dieser erneut François Bausch heißen wird.

13. Wie die Tram auf die Schienen kam

Der politische Werdegang des François Bausch und die sich über Jahrzehnte erstreckende Debatte über eine Tram in der Stadt Luxemburg sind eng miteinander verbunden. Bereits im Wahlkampf 1987 fordern er und die grün-alternative Partei den Bau der Tram. Die Entwicklung der Debatte im Laufe der folgenden 30 Jahre läuft jedoch nicht auf einer geraden Schiene, sondern folgt eher dem Rhythmus der Echternacher Springprozession. In den späten Achtzigerjahren geht im Land die Rede von einer fahrerlosen Metro, die unter der Erde auf einer Länge von 9,5 km den Kirchberg mit dem *Parking Bouillon* an der Escher Autobahn verbinden soll. Aufzüge und Rolltreppen sollen die Fahrgäste an 15 Haltestellen zu unterirdischen Bahnsteigen bringen, die durch Glaswände mit automatischen Türen vom Gleisbett getrennt sind. Als Referenzen nennen die Befürworter dieses Systems die Flughafenbahnen in Miami und London Gatwick sowie die *Véhicule Automatique Léger*-Technologie (VAL) in Lille. Die LSAP-Politiker Jeannot Krecké und René Kollwelter informieren sich derweil bei ihrem SPD-Genossen Hajo Hoffmann, der als Bürgermeister von Saarbrücken gerade beschlossen hat, die Landeshauptstadt über eine Straßenbahn mit dem Umland bis nach Frankreich hinein zu verbinden. Die speziell gegründete Vereinigung *Tram asbl*, der *Mouvement Ecologique* und der *Ökofonds* bestellen eine detaillierte Tram-Studie bei Professor Hermann Knoflacher von der Technischen Universität Wien.

Den nachhaltigsten Anklang findet in jenen Jahren das Karlsruher Modell, das Mitte der Achtzigerjahre vom *Mouvement Ecologique* ins Gespräch gebracht wird. Der Ingenieur Dieter Ludwig, Direktor der dortigen Verkehrsbetriebe, versteht es, sein revolutionäres Konzept auch in Luxemburg überzeugend darzustellen. In der badischen Stadt fahren die Trambahnen mit eigens gebauten Hybrid-Fahrzeugen in der Innenstadt auf eigenen Schienen und außerhalb der Stadt auf dem bestehenden Eisenbahnnetz. Und es funktioniert!

Wirtschafts- und Transportminister Robert Goebbels lässt sich von einem *Tageblatt*-Journalisten zu einer informellen Dienstfahrt nach Karlsruhe überreden. „Das Modell hat es mir angetan", bestätigt der LSAP-Politiker. Da in Luxemburg das Verkehrsproblem vornehmlich durch die vielen Berufspendler in die Stadt hineingetragen wird, ist für Goebbels eine Verbindung der Tram mit dem CFL-Netz die logische Konsequenz: „Der Vorteil wäre, dass die Passagiere sich bereits in Bettemburg, Düdelingen, Esch, Petingen, Wiltz, Diekirch, Ettelbrück und Wasserbillig, ja in Thionville, Arlon und Trier in das Transportmittel setzen könnten, mit dem sie dann ohne Umsteigen ins Stadtzentrum und auf den Kirchberg gebracht werden", meint der frühere Minister.

Unter dem Impuls von Robert Goebbels geben Regierung und Stadt Luxemburg 1992 eine Studie in Auftrag, um ein globales Konzept für den öffentlichen Verkehr im Ballungsraum Luxemburg auszuarbeiten. Das vom Beratungsbüro *Luxtraffic* vorgelegte Konzept *Bunn-Tram-Bus*, bald nur BTB genannt, sieht eine mit dem Eisenbahnnetz verbundene Straßenbahn vom Bahnhof durch die *Nei Avenue* über den *Boulevard Royal* bis zum *Glacis* vor. 1996 läutet der sozialistische Abgeordnete Marc Zanussi als Präsident der Transportkommission die Diskussion um den BTB im Parlament ein. Doch das Projekt kommt nicht vom Fleck. Als die Grünen 1998 Transportministerin Mady Delvaux-Stehres (sie übernimmt das Amt 1994 von Robert Goebbels) auffordern, endlich ein Gesetzesprojekt zum BTB einzureichen, ist der Druck der Tramgegner enorm gewachsen. Die Neinsager tun alles, um das Vorhaben zu torpedieren. Gegen die Stadtbahn mobilisiert nicht nur die DP, sondern auch die ADR und Teile der CSV: Premierminister Jean-Claude Juncker neigt zum Ja und Bürgermeisterkandidat Jacques Santer sagt nein.

Es ist die Zeit als Bürgermeisterin Lydie Polfer mehrere Autobusse aneinanderketten lässt um zu zeigen, dass eine Tram – sie sagt „ein Zug", obwohl nie von klassischem Eisenbahnmaterial die Rede ist und in Karlsruhe Zweisystem-Stadtbahnwagen im Einsatz sind – nicht in die Straßen der Stadt passe. Es ist die Zeit der Hausbesitzer, die ihr Mietobjekt in der *Nei Avenue* durch einen Oberleitungsdraht an Wert einbüßen sehen und sich als Stadtbewohner ausgeben, „die das Stadtbild erhalten wollen, die entschieden dagegen sind, dass die schönsten Straßen der Hauptstadt durch Schienen, Pfosten, Oberleitungen und Bahnsteige verunstaltet werden". So steht es im *Courrier du commerce*, in dem der Verwaltungsrat der hauptstädtischen *Union commerciale* (UCVL) mit offenem Visier für die Parteien DP, CSV und ADR wirbt: „In der monatelangen Diskussion um das von der LSAP und den Grünen getragene BTB-Projekt, mit Streckenführung eines Zuges durch die schönsten Straßen unserer Hauptstadt, fällt spätestens am kommenden Wahlsonntag, dem 10. Oktober 1999, eine weitere wichtige Entscheidung", heißt es. „Die DP, schon lange vor den Landeswahlen entscheidender Gegner einer BTB-Streckenführung durch die Hauptstadt, bekräftigte dieser Tage ihre Position", freut sich die Interessenvertretung der Geschäftsleute. „Die CSV deckte am 21. September 1999 endgültig ihre Karten auf, als Spitzenkandidat Jacques Santer seine ablehnende Haltung gegenüber einer Tram durch die Hauptstadt bekundete." Die UCVL-Führung vergisst derweil auch den kleinen Verbündeten am rechten Rand nicht: „Die ADR-Partei schließlich, war jederzeit gegen eine Streckenführung des BTB durch die Straßen der Hauptstadt, so dass dem Wähler am Sonntag, dem 10. Oktober, an sich klare Alternativen vorliegen."

Mit schrecklichen Hiobsbotschaften trumpft ein anonymer Schreiber in der gleichen Vorwahlausgabe der Händlerzeitung auf und weiß zu berichten, dass es in Straßburg siebzehn Verletzte bei einem Tram-Unfall gab, dass am Prenzlauer Berg in Berlin ein Achtjähriger bei einem

Tram-Unfall verletzt wurde und dass in Treptow/Köpenick ein Laster die Oberleitung der Tram beschädigte. Der Generalsekretär der UCVL, Patrick Birden, hauptberuflich Anwalt und zudem CSV-Kandidat, verpasst dem Projekt einen tiefroten ideologischen Anstrich, der zehn Jahre nach dem Fall der Berliner Mauer die Einwohner der Hauptstadt erschaudern lassen soll: „Dès le début, le projet, alors encore appelé *Luxtraffic*, était prévu par ses protagonistes comme un instrument à changer notre société. D'un régime libéral et individualiste, on devait tomber dans un régime dirigiste et collectiviste."

Bei soviel Unsinn wundert es nicht, dass der scheidende sozialistische Wirtschaftsminister Robert Goebbels den Verantwortlichen der *Union commerciale* resigniert schreibt: „Devant tant de mauvaise volonté et de partis-pris au sens politicien du terme, je suis amené à constater que l'Union Commerciale, ou du moins les anonymes rédacteurs du *Courrier du Commerce* ne semblent pas intéressés à un vrai dialogue sur un problème sérieux, à savoir la future desserte de la Ville de Luxembourg par des moyens de transport en commun." Ehe Goebbels abschließend den Damen und Herren der UCVL „mes sentiments attristés" bescheinigt, fügt er noch hinzu: „Faites votre guerre. Le commerce en pâtira, notre Ville également." Doch die populistische Welle spült die aufgeheizte Stimmung gegen die Tram bis in die Wahlkabinen. Die Sozialisten und die Grünen verlieren die Wahl.

Bereits vier Monate vorher, im Juni 1999, gewinnt die DP die Parlamentswahl und löst die Sozialisten als Koalitionspartner der CSV ab. Der neue Transportminister Henri Grethen kündigt schnell an, mit ihm werde es keine Tram durch die *Nei Avenue* geben. Der von Ministerin Mady Delvaux-Stehres eingesetzte Generalkoordinator des BTB-Projektes gibt daraufhin seinen Posten auf und rechnet im Juli 2000 in einem Beitrag in der Zeitschrift *forum* mit den Gegnern der Straßenbahn ab: „So haben Verkehrsplaner und Fußballtrainer eins gemeinsam:

Zwar werden sie für ihr Fachwissen bezahlt und sie können unter Umständen auf eine langjährige Ausbildung und Erfahrung zurückblicken, doch die Millionen Verkehrsteilnehmer sind genauso wie Fußballfans überzeugt, dass diese Experten von ihrem Metier rein gar nichts verstehen." Für Alain Groff ist das Steckenbleiben des BTB-Projektes kein sachliches, sondern ein kommunikatives Fiasko: „Gestoppt wurde die Tram von Behauptungen. (...) Rhetorik, und mag sie auch noch so geschickt sein, ändert nichts an den Fakten." Henri Grethen gibt allerdings das Konzept seiner Vorgängerin Mady Delvaux nicht ganz auf und plant die Anbindung des Kirchberg-Plateaus und des Flughafens Findel an das bestehende Eisenbahnnetz. Nur eines bleibt für den DP-Politiker ein Dogma: Es darf keine Schienen im Stadtzentrum geben.

Nicht mal zwei Jahrzehnte später hat sich die politische Planung einmal um ihre eigene Achse gedreht: Das BTB-Konzept ist mittlerweile hinfällig geworden und die Tram wird bald vom Kirchberg durch die Stadt bis zum Bahnhof fahren. Dem BTB-Konzept verpasst nicht die Politik, sondern eine interne Aktennotiz, welche die CFL 2005 bekanntgibt, den Gnadenstoß. Eine städtische Tram kann demnach aus Sicherheitsgründen und aufgrund mangelnder Netzkapazitäten nicht mit dem nationalen Eisenbahnnetz verbunden werden. Das bedeutet das Ende für die *Train-Tram* und für Grethens Tunnel, durch den sich die Fahrzeuge spiralförmig von der CFL-Nordstrecke auf den Kirchberg hätten winden müssen, damit ja nur das Stadtzentrum unberührt bliebe.

Die Tram kommt wieder zum Zug, als Lucien Lux von der LSAP Transportminister wird und in der Hauptstadt Paul Helminger und François Bausch eine blau-grüne Koalition eingehen. 2006 ebnen sie gemeinsam den Weg für das Tramkonzept, das 2017 Wirklichkeit wird. Quer durch die Oberstadt, am *Royal Hamilius* vorbei, über die Adolphe-Brücke und durch die *Nei Avenue*.

Der Widerstand ist nun auch in der DP größtenteils gebrochen. Letzte, unbekehrbare Gegner, wie etwa der abgewählte, dann von der Partei abgesprungene Ex-Fraktionschef und Schöffe Jean-Paul Rippinger verstehen die Welt nicht mehr: „Bürgermeisterin Lydie Polfer war eine glühende Gegnerin der Tram. Jetzt wird das Projekt trotzdem durchgezogen. Warum, ist mir schleierhaft", trauert er 2015 im *Luxemburger Wort* vergangenen Zeiten nach.

Als Ende 2013 die blau-rot-grüne Regierung antritt, gibt es immer noch kein Tram-Gesetz. Minister Claude Wiseler ließ sich viel Zeit und deponierte das Finanzierungsgesetz erst kurz vor den vorgezogenen Landeswahlen im Herbst 2013. Nun macht der neue Mobilitätsminister François Bausch Druck. Im *Luxemburger Wort* gibt er später zu, dass das Prestigeprojekt ein ums andere Mal auf der Kippe stand. Es habe „viel Überzeugungskraft [gekostet], ehe sich ein Tramkonsens bei den vier großen politischen Parteien herausschälte". Demgegenüber hatte sein Vorgänger noch 2009 in der *Revue* behauptet, es gäbe „Dossiers, die sich nicht für parteipolitische Auseinandersetzungen eignen. Ich sehe nicht, was an der Tram schwarz, rot, blau oder grün sein soll."

Im Jahr 2014 jedoch stimmt das so nicht mehr: Nachdem die Petition *Géint den Tram a fir d'Ofhale vun engem Referendum* die erforderlichen 4.500 Unterschriften gesammelt hat und im Parlament diskutiert werden muss, sieht sich der frühere CSV-Minister, der Jahre vorher selbst zu den Skeptikern des neuen Transportmittels gehörte, mit einer innerparteilichen Fronde konfrontiert. Laurent Mosar und Michel Wolter wollen immer noch die Tram verhindern und die altgedienten Herren Jacques Santer und François Colling schreiben Minister Bausch einen letzten verzweifelten Brief. Erst nach heftigen Diskussionen setzt Wiseler durch, dass auch die Oppositionspartei im Juni 2014 mit einer Ausnahme dem Finanzierungsgesetz der Tram zustimmt. Dass der erste Streckenabschnitt mit seinen acht Haltestellen Ende 2017 zum selben

Zeitpunkt in Betrieb geht wie die Standseilbahn und der neue Bahnhof *Pfaffenthal-Kirchberg*, lehnt er allerdings ab.

Im Vergleich zu Wiselers ursprünglichem Ansatz kehrt der Grünen-Minister die Baufolge der Strecke entscheidend um: Die Arbeiten beginnen auf dem Kirchberg, zwischen den Wartungshallen der Tram und der neuen Standseilbahn am *Pont Rouge*. Da Bausch den Weiterbau bis zur *Cloche d'Or* gleich mit einplant, wird der Hauptbahnhof nicht zu der zeitweiligen Endstation, die lange Zeit den Experten Kopfschmerzen bereitete. Diesem Teilstück und dem Ausbau bis zum Flughafen verwehrt die CSV 2014 noch ihre Zustimmung. Erst im Dezember 2017, als nach der Eröffnung des ersten Teilstücks der Tram das positive Echo in der Öffentlichkeit nicht mehr zu leugnen ist, stimmt auch die Oppositionspartei der Ausweitung des Tramnetzes im Parlament zu.

14. Die ersten Sporen in der Realpolitik

François Bauschs erste Erfahrung mit der „Gunst der Wähler" ist nicht berauschend. Bei der Gemeinderatswahl der Stadt Luxemburg im Jahre 1987 belegt er auf der grün-alternativen Liste den 15. Rang von 27. Ein derartiger Patzer soll ihm nicht mehr vorkommen. Bei der nächsten Gemeindewahl wird er hinter Renée Wagener Zweiter. Ab seiner dritten Wahl erhält François Bausch dann von allen Parteikandidaten immer die meisten Stimmen.

1987 treten GAP und GLEI in der Hauptstadt mit getrennten Listen an: Die GLEI erlangt mit 5,6 Prozent ein Mandat, die GAP mit 4,8 Prozent ebenfalls. Zusammen erreichen beide einen Stimmenanteil von 10,4 Prozent. Nach dem Motto „Einigkeit macht stark" predigt François Bausch die Wiedervereinigung der beiden grünen Parteien. Doch das durchwachsene Ergebnis von 1993 riskiert, sein Einheits-Mantra als leere Phrase zu entlarven: Die gemeinsame GLEI-GAP-Liste bringt es in der Hauptstadt nur auf 10,5 Prozent. Das reicht zwar immerhin für drei anstelle von zwei Mandaten, doch die Enttäuschung ist dennoch groß. Das „wenig spektakuläre Resultat in der Stadt verpflichtet dazu, nach Erklärungen zu suchen", heißt es in einem internen Papier. Als Gründe für das maue Ergebnis werden die ungenügende Präsenz in den Stadtvierteln sowie eine „zu große Ausrichtung auf Jugend und Mittelalter", was wohl mittlere Altersklassen heißen soll, ausgemacht. Das möchten die grünen Lokalpolitiker nun ändern. In einem Stadtviertel nach dem anderen wollen sie Initiativen „zu Müll, Verkehr etc." starten. Sie nehmen sich vor, ältere Menschen gezielt anzusprechen und suchen verstärkt Kontakt zu den Vereinen und den Bürgern in den Vierteln.

Doch es nützt alles nichts. Bei den Gemeindewahlen 1999 geht die Zahl der Gewählten der vereinigten Partei *Déi Gréng* in den Gemeinden insgesamt von 25 auf 22 zurück, obwohl mehr Listen ins Rennen geschickt werden. In der Stadt Luxemburg fällt die Partei auf 8,7 Prozent zurück, die Sitzzahl sinkt von drei auf zwei. François Bausch wird immerhin Erster.

***

Der grüne Spitzenmann gehört zu der ersten Politikergeneration, die mit der Tradition des „Hansdampf in allen Gassen" oder besser, mit jener des „Hanstrink an allen Theken" bewusst bricht. René Hengel etwa, Bauschs Genosse aus LSAP-Zeiten wird nachgesagt, sich seinen *Apéro* an jedem Wochentag in einer anderen Kneipe zu genehmigen und sich sonntags bei gleich drei Fußballspielen zu zeigen: einmal in der ersten Halbzeit, einmal in der zweiten und dazu ein weiteres Mal in der Pause. Als Landesmeister im Stemmen der „Nahe-am-Wähler-Disziplin" gelten allerdings die beiden hauptstädtischen DP-Schöffen Camille Polfer und René „Boy" Kohnen, deren politisches Vermächtnis es ist, die Hausmacht der DP an den Tresen der Stadtviertel aufgebaut zu haben.

François Bausch will dieser Art Politik nicht nachgehen, er könnte es auch nicht. Bei seinem eher zurückhaltenden Wesen wäre diese „Wirtschaftspolitik" wohl eher ein Fehlschlag geworden. Trotz seiner Kindheit im elterlichen *Duerfcafé* hätte er nie dauerhaft die Stammtische erobern können. Allein der Versuch hätte unweigerlich dazu geführt, dass er nicht mehr er selbst gewesen wäre, hätte ihn persönlich frustriert und politisch in eine Sackgasse manövriert. Robert Garcia meint dazu in seinem Satirebeitrag zur 25-Jahresfeier der Grünen: „Bei de Gréngen huet nach kee Karriär gemaach, well e beim *Café Schluppert* de Comptoir gestäipt huet."

Bei der Gemeindewahl vom 9. Oktober 2005 erhält Bausch den Beweis dafür, dass seine Art, Politik zu machen, so falsch nicht sein kann, denn *Déi Gréng* verdoppeln ihren Stimmenanteil in der Hauptstadt. Aus den

8,7 Prozent von 1999 machen sie 17,3 Prozent, erobern fünf statt zwei Mandate. An der Spitze der Siegesliste steht erneut François Bausch. Mit 10.167 Stimmen muss er nur den vier Erstgewählten der DP, Paul Helminger, Anne Brasseur, Lydie Polfer und Xavier Bettel den Vortritt lassen. Bausch wird Erster Schöffe in der ersten blau-grünen Koalition des Landes. Zum ersten Mal kann er gestalterisch zeigen, was er draufhat.

Schnell setzt François Bausch wichtige Hebel in Bewegung. Mit dem Staat gründet die Gemeinde eine Gesellschaft mit dem Ziel, detailgenau ein Straßenbahn-Projekt für *die* Stadt auszuarbeiten, in der man sechs Jahre zuvor noch mit Anti-Tram-Parolen Wahlen gewinnen konnte. Die Linien, Frequenzen und Fahrpläne des Busnetzes lässt er benutzerfreundlich anpassen. Ein Busleitsystem informiert die Reisenden per Satellit in Echtzeit über den realen Fahrplan ihres Busses. Für Aktivitätszonen werden Mobilitätspläne ausgearbeitet, Betriebe erhalten günstige Jobtickets für ihre Beschäftigten, ein Rufbus-System wird eingeführt, zusätzliche Busspuren werden eingezeichnet.

Ganz unaufgeregt legt der Mobilitätsschöffe auch den Grundstein für eine neue Fahrradkultur in der Hauptstadt. In allen Wohnvierteln lässt er Radwege einzeichnen, Radfahrer dürfen Einbahnstraßen in der Gegenrichtung befahren und erhalten das Recht, Busspuren zu benutzen. 2008 wird das Fahrradverleihsystem eingeführt.

Neben der grünen Kernkompetenz der Mobilität überrascht der Schöffe im Bereich Finanzen. Als die Regierung im Krisenjahr 2008 durch ihre Sparmaßnahmen allgemein Unmut schürt, spart Finanzschöffe François Bausch in der Hauptstadt zig Millionen Euro ein, ohne den geringsten Protest heraufzubeschwören. Der Politiker, der sich seine Kenntnisse in Wirtschaftsfragen auf dem zweiten Bildungsweg angeeignet hat, lässt die Ausgaben minutiös durcharbeiten, analysiert die Kostenstruktur aller städtischen Dienststellen und lässt das Einsparpotenzial akribisch auflisten. Mit dem als Managertypen bekannten Bürgermeister Paul Helminger zieht er an einem Strang und nimmt gleichzeitig die anderen Schöffen in die Verantwortung. Durch das Abspecken überflüssiger Polster überstehen die hauptstädtischen Finanzen die Krisenjahre gut.

Zweieinhalb Jahre nach dem Amtsantritt schätzen 62 Prozent der Hauptstadtbewohner die Arbeit des blau-grünen Schöffenrates positiv ein. Die zusätzlichen Busspuren finden 60 Prozent Zustimmung, das *veloh!*-System und die neuen Radpisten über 70 Prozent, der Rufbus fast 80 Prozent. In der Beliebtheitsskala folgt der Erste Schöffe Mitte 2008 hinter dem Bürgermeister mit 70 Prozent an zweiter Stelle, knapp vor seinem Schöffenkollegen Xavier Bettel und Marc Angel von der LSAP. Den Einfluss der Grünen beurteilen 62 Prozent als positiv, 88 Prozent bescheinigen ihnen, einen neuen Wind in die Stadt gebracht zu haben.

Bei der Gemeindewahl 2011 muss der austretende Schöffe dennoch hinnehmen, dass er stimmenmäßig zusätzlich zu vier Politikern der DP auch noch vom LSAP-Spitzenmann Marc Angel überholt wird. Trotzdem gehen die Grünen dank ihrer Listenstimmen unter dem Strich als Gewinner aus der Wahl hervor, während die Sozialisten um Marc Angel leicht verlieren. Für François Bausch zählt allemal das Gesamtergebnis mehr als sein persönliches Resultat.

Parallel bereitet Bausch sich und seine Partei auch auf nationaler Ebene auf verantwortungsvollere Posten vor. Ende der Neunzigerjahre schreiben er und Jean Huss im *Tageblatt*: „Die Grünen haben demnach den Schritt von der reinen Oppositionspartei zur Gestaltungspartei vollzogen, und da auf kommunaler Ebene ersichtlich wurde, dass das Umsetzungspotenzial bei einer Machtteilnahme nicht unwesentlich ist, war es selbstverständlich, dass der Drang zur Machtübernahme auch auf nationaler Ebene zunimmt." Konkret bedeutet das, dass er die parlamentarische Arbeit sehr ernst nimmt und alle Kanäle, die ihm sein Status als Abgeordneter zur Verfügung stellt, auch nutzt. François Bausch reicht Gesetzesvorschläge im Parlament ein, die so diverse Themen behandeln wie den Besitz von Waffen, die Anerkennung des Öko-Audits und die Aufstockung der Zahl der Urlaubstage. 2001 schlägt er ein Gesetz zur Förderung ethischer Geldanlagen vor.

Ein weiterer Schritt auf dem Weg in die nationale Verantwortung vollzieht sich mit der Gelegenheit, einen Vertreter in den Staatsrat zu entsenden. Wunschkandidat ist ein den Grünen nahestehender Rechtsanwalt, der Präsident der Dritte-Welt-Organisation ASTM ist. Der aber fällt dem eigenen Bestreben, die geschlechtliche Parität im Staatsrat voranzutreiben, zum Opfer. Nach vielem Hin und Her entscheiden sich die Grünen für eine außerparteiliche Lösung und schlagen Agnes Rausch vor, die hauptberuflich bei der *Caritas* Flüchtlinge betreut und im Nebenamt Vizepräsidentin der ASTM ist. Dass die christlich orientierte Kandidatin nicht in allen Punkten grüne Positionen vertreten würde, ist den Partei-Oberen von Anfang an bewusst. Die meisten können damit leben. Jean Geisbusch nicht. Seiner Meinung nach verstoßen die Ansichten der von ihm als „Herzjesu-Tante" bezeichneten Frau eindeutig gegen grüne Prinzipien.

Ein harter Realitätstest erwartet die Grünen 1999 in der parlamentarischen Debatte über den NATO-Angriff gegen Rest-Jugoslawien im Rahmen der Kosovo-Krise. Robert Garcia holt als Ersatz für den krankheitsbedingt fehlenden außenpolitischen Sprecher Jean Huss die Kastanien aus dem Feuer, nachdem die Partei sich halbherzig dazu entschlossen hat, den „humanitären Kriegseinsatz" der westlichen Verbündeten gutzuheißen, um nach eigener Aussage „Schlimmeres zu verhindern". Im Exekutivrat steht Jean Geisbusch mit der Ablehnung der militärischen Intervention allein auf weiter Flur, was seine Absetzbewegung von der Partei beschleunigt. Richard Graf erinnert sich, dass die Grünen nach der sie dann doch schockierenden Härte der Bombenangriffe auf Serbien ihre Haltung revidierten. Es sei auffallend gewesen, dass François Bausch sich weitgehend aus der Diskussion herausgehalten habe: „Wohl weil es dabei nichts zu gewinnen gab, könnte man glatt unterstellen." Die deutschen Grünen haben ihrerseits, wie Robert Garcia sich im Rückblick ausdrückt, „schons de Stahlhelm opgesat an hu sech vun der amerikanescher Propaganda an de B52-Geschwader lackele gelooss".

Das Interventions-Dilemma beschäftigt noch Jahre später die Grünen jenseits der Mosel. Joschka Fischer schnauzt 2002 bei seinem Auftritt in Trier einen jungen Kriegsgegner an, der ihn als Kriegstreiber beschimpft hat: „Dann will ich dir mal erklären, wie ich zum Kriegstreiber wurde. Srebrenica war bei mir der Wendepunkt. 250.000 muslimische Bosnier würden noch leben, wenn der Westen zeitig eingegriffen hätte." Der Friedensfundi antwortet mit einem lautstarken: „Lügner!", woraufhin Fischer sich entrüstet: „Das ist das Letzte! Den Opfern ihre Würde nehmen, indem man ihren Tod leugnet. Wenn du das so siehst, dann wähle mich nicht. Deine Stimme will ich nicht."

Joschka Fischer gibt seinem Kollegen Bausch aus Luxemburg zum grünen Problemthema „Krieg und Frieden" einen Rat mit auf den Weg: „Ich nenne dir einen einfachen Maßstab. Fragt euch immer, wenn wir die Truppen abziehen, entsteht dann mehr Frieden oder weniger." Das stößt bei François Bausch auf offene Ohren. Er versteht sich ohnehin nicht als fundamentaler Pazifist.

2005 streitet Europa über das Ja oder Nein zum Verfassungsvertrag für die Gemeinschaft. Die Luxemburger Grünen auch. Jean Huss plädiert für das Nein bei der von der Regierung anberaumten Volksbefragung, François Bausch seinerseits befürwortet den Vertrag. Die beiden diskutieren gar vor Fernsehpublikum ihre divergenten Standpunkte: Bausch glaubt an die Notwendigkeit einer gemeinsamen europäischen Verfassung, Huss ist auch überzeugter Europäer, lehnt aber den Inhalt des Vertragsentwurfs ab, den er als ultraliberal bezeichnet. Nach dem Sieg der Verfassungsgegner bei den Referenden in Frankreich und den Niederlanden veröffentlicht Bausch im *Lëtzebuerger Land* seine *„Sechs gute(n) Gründe, für diesen Vertrag zu stimmen"*. Am 10. Juli 2005 stimmen 56,5 Prozent der Luxemburger Wähler der EU-Verfassung zu. Jean-Claude Juncker hatte zuvor seine politische Zukunft an den Ausgang des Referendums gekoppelt. Angesichts eines Grünwählerpotenzials von mehr als zehn Prozent kann auch François Bauschs klare Kante als ein Baustein in der Rettung von Jean-Claude Junckers Karriere gewertet werden.

Einen großen Erfolg verbucht Bauschs Fraktionskollege Jean Huss zusammen mit der sozialistischen Abgeordneten Lydie Err, als ihr gemeinsamer Gesetzesvorschlag zur Entkriminalisierung der aktiven Sterbehilfe in der Abgeordnetenkammer überraschend mit 30 zu 26 Stimmen angenommen wird. Doch damit beginnt im sonst eher gemächlichen Politbetrieb am Krautmarkt ein spannendes Aufeinanderprallen der Institutionen. Der Staatsrat verweigert den Dispens des zweiten Votums und zwingt das Parlament, ein zweites Mal über den Vorschlag abzustimmen. Dann funkt ganz ungewohnt der Großherzog dazwischen. Telefonisch lässt er am 1. Dezember 2008 die Fraktionschefs ins Palais bitten. Kurz nach acht Uhr wird François Bausch als Erster von Hofmarschall Pierre Mores empfangen, vor Michel Wolter (CSV), Ben Fayot (LSAP), ADR-Gruppenchef Gast Gibéryen und Charles Goerens (DP). Der Großherzog erklärt einem nach dem anderen, dass er das Gesetz über die Legalisierung der Sterbehilfe aus Gewissensgründen nicht gutheißen kann und er sich weigere, seine Unterschrift darunterzusetzen. Die Staatskrise wäre perfekt, würde der Monarch seinen Gesprächspartnern nicht gleich einen Ausweg anbieten. Den großherzoglichen Vorschlag zur Entschärfung der Krise, der die Rolle des Staatsoberhauptes einschränkt, nehmen die Vertreter der Parteien schließlich nach dreistündiger Diskussion am Sitz des Regierungspräsidenten in der *Maison de Bourgogne* an. Am 18. Dezember stimmt das Parlament mit 31 Ja-Stimmen (11 LSAP, 10 DP, 7 *Déi Gréng*, 2 ADR, 1 CSV) und 26 Nein-Stimmen (23 CSV, 2 ADR, 1 Unabhängiger) bei drei Enthaltungen (3 LSAP) für die Legalisierung der aktiven Sterbehilfe. Das Euthanasie-Gesetz stellt den ersten Sieg gegen die dominierende Regierungspartei CSV dar und kann als weiterer Schritt in Richtung der Dreierkoalition gewertet werden, die Jean Huss in einem *Journal*-Artikel vor der Parlamentswahl von 2009 erneut ins Gespräch bringt.

***

Die bislang wichtigste Etappe auf ihrem Weg zum politischen Erwachsensein erreichen die Grünen am 3. Dezember 2013. Mit 207 von 218 Stimmzetteln bewilligt der Parteikongress das Koalitionsabkommen mit der DP und der LSAP. Die Delegierten begrüßen die Regierungsbeteiligung, „weil hierdurch viele grüne Akzente gesetzt und wichtige politische Inhalte umgesetzt werden können". Richard Graf, der sich seit langem nicht mehr an der Parteiarbeit beteiligt, weist auf die Ironie des Schicksals hin: „Die Grünen übernehmen Regierungsverantwortung, nachdem sie zum ersten Mal in dreißig Jahren eine Wahl verloren haben." Mit der Regierungsbeteiligung beginnt eine neue Ära für die grüne Partei und für François Bausch. Er ist nicht mehr der erste Mann in der Fraktion. Auf ihn warten nun andere Aufgaben, in einem großen und schwierigen Ministerium.

Nach den Gemeinderatswahlen vom 8. Oktober 2017 lässt die hauptstädtische DP die Grünen links liegen und verbündet sich nach 12 Jahren wieder mit der CSV. François Bausch hat in seiner achtjährigen Amtszeit als Schöffe der Hauptstadt zusammen mit den Bürgermeistern Paul

Helminger und Xavier Bettel die Weichen für die Stadterneuerung gestellt. Der neue Schöffenrat wird sicher nicht alle Entscheidungen in Frage stellen. Aber er könnte mangels Enthusiasmus und Visionen auf der Stelle treten und so das Rad dennoch zurückdrehen. Erst die Zukunft wird zeigen, ob der ehemalige DP-Bürgermeister Paul Helminger mit seiner Prognose im *Tageblatt* Ende 2017 Recht behält: „Irgendwann wird man vielleicht sagen, dass es ein historischer Wandel war, als die CSV in der Hauptstadt und auch auf nationaler Ebene nicht mitregiert hat. In beiden Fällen wurde exzellente Arbeit geleistet. Eine Arbeit, die unter anderen Umständen nie umgesetzt worden wäre."

15. Königsmörder gehören abgestraft

Die Szene wird den Luxemburgern als Ausgangspunkt einer wahrlich filmreifen Affäre in Erinnerung bleiben: Am 19. November 2012 bestätigt Premierminister Jean-Claude Juncker dem Radiosender RTL, im Jahre 2008 vom damaligen Geheimdienstchef Marco Mille anhand einer manipulierten Armbanduhr abgehört worden zu sein. Das gesamte Land reibt sich die Augen und die Geheimdienstaffäre nimmt ihren Lauf. Sofort befasst sich die parlamentarische Kontrollkommission des *Service de renseignement de l'Etat* mit der Affäre. François Bausch ist der Präsident der Kommission, da es üblich ist, dass ein Oppositionspolitiker dem Ausschuss vorsteht. Vor Bausch war es Charles Goerens, nach Bausch ist es Claude Wiseler.

Als immer mehr Gerüchte über Beschattungen und Abhörungen durch den Geheimdienst zirkulieren, schlägt die blau-grüne Opposition die Einsetzung einer parlamentarischen Untersuchungskommission vor. Die Koalitionsparteien um Premierminister Jean-Claude Juncker willigen ein. Dem nur in Ausnahmefällen vorgesehenen Gremium werden 13 Mitglieder aller sechs im Parlament vertretenen Parteien zugeordnet. Der Sozialist Alex Bodry wird zum Präsidenten ernannt, François Bausch übernimmt die Rolle des Berichterstatters. Damit beginnt ein politischer Prozess, bei dem die Partei des für den *Service de renseignement de l'Etat du Luxembourg* (SREL) verantwortlichen Premierministers am meisten zu verlieren hat, während die Oppositionsparteien durchaus Nutzen aus der Aufklärungsarbeit ziehen können.

Für den Koalitionspartner der CSV ist es ein Vabanquespiel. Der sozialistische Parteipräsident Alex Bodry notiert in seinem Tagebuch: „D'LSAP riskéiert tëschent Hummer an Amboss ze geroden. Koalitiounsräson oder Neiwahlen? Am Schluss vun den Kommissiounsaarbechten wäert sech d'Gretchenfrage un eis stellen."

Auf die Mitglieder des Ausschusses kommen nun Monate hoher Arbeitsbelastung zu. Besonders Präsident Alex Bodry, Berichterstatter François Bausch sowie der Liberale Claude Meisch treiben die Arbeit voran, die übrigen Mitglieder halten sich eher zurück. In sieben Monaten trifft sich die Kommission 48 Mal. Bodry, Bausch und Meisch begeben sich in ihrer Untersuchung auf eine Gratwanderung. Ständig müssen sie sich der Frage stellen, welche Informationen sie zu welchem Zeitpunkt an die Öffentlichkeit tragen, und welche politische Konsequenzen zu erwarten sind.

Wenig hilfreich bei der Suche nach dem gesunden Mittelweg ist der Staatsminister. In ihrer *Chronik des politischen Wechsels* schreibt die linkskatholische Zeitschrift *forum* über den 7. Mai 2013: „Juncker muss sich vor dem SREL-Untersuchungsausschuss erklären. Sowohl der Vorsitzende Alex Bodry (LSAP) als auch weitere Ausschussmitglieder wie François Bausch (*Déi Gréng*) zeigten sich irritiert angesichts Junckers lapidarer Antworten." François Bausch erklärt im Rückblick: „Wir hatten nicht die Absicht, Juncker abzuschießen. Uns ist es einzig und allein darum gegangen, Licht in die SREL-Affäre zu bringen. Doch der Premierminister zeigte sich alles andere als kooperativ und wollte in keiner Weise zur Aufklärung der Angelegenheit beitragen." Für Bausch und die Ausschussmitglieder ist dieses Verhalten menschlich belastend, denn: „Juncker war ja nicht der Missetäter." Besonders für Alex Bodry entpuppt sich die Situation als ein beklemmendes Problem. Er präsidiert die Kommission, mit der Juncker derart, wie Bausch es ausdrückt, *de Geck mécht* und besetzt als LSAP-Parteichef gleichzeitig eine Scharnierstelle im koalitionären Mehrheitsgefüge.

Im letzten Akt verkommt die SREL-Affäre allmählich zur Seifenoper. In Pressebeiträgen, Leserbriefen und den sozialen Netzwerken verschleiern Falschmeldungen, vermeintliche Enthüllungen und Unterstellungen die Sicht auf die Wirklichkeit. Hinter den sich häufenden persönlichen

Anfeindungen gegen ihn als Berichterstatter vermutet Bausch eine konzertierte Aktion. „Es war das Schlimmste, was ich in meiner politischen Laufbahn mitgemacht habe", erinnert er sich.

Auch Alex Bodry ist überzeugt, dass aufgescheuchte SREL-Leute Politik und Presse bewusst manipulieren. Die von ihm vorhergesehene Gretchenfrage stellt sich seiner Partei im Juli 2013. Entweder rettet die LSAP die Koalition und gilt fortan als Marionette der CSV oder die Sozialisten entziehen Juncker das Vertrauen und riskieren so den Ruf des Königsmörders. „Hätte Jean-Claude Juncker mit dem Ausschuss zusammengearbeitet und proaktiv zur Klärung der Geheimdienstaffäre beigetragen, wäre die Koalition nicht daran zerbrochen", ist Alex Bodry überzeugt. So aber kommt es am 10. Juli 2013 zum Showdown im Parlament. François Bauschs Abschlussbericht hält die politische Verantwortung des Staatsministers für die Ungereimtheiten im Geheimdienst fest: „La responsabilité politique du ministre d'Etat est engagée." Die Oppositionsvertreter und die LSAP stimmen dem Bericht zu, die CSV lehnt ihn ab.

Nach einem Tag aufreibender Debatten im Parlament kündigt Jean-Claude Juncker am späten Abend an, er schlage am folgenden Morgen dem Großherzog Neuwahlen vor. „Ich hätte mir nie vorstellen können, dass ausgerechnet die LSAP mir ein Bein stellen würde", stößt er zum Abschluss dem Koalitionspartner den Dolch in den Rücken. Entgegen den Gepflogenheiten stimmen die Abgeordneten nicht über die vorliegenden Motionen ab: weder über die der Opposition, in der der Rücktritt des Staatsministers gefordert wird, noch über einen abgeschwächten Text der Sozialisten. „Eigentlich hätten wir die Abstimmung über die Motionen verlangen müssen", meint François Bausch rückblickend, „aber wir waren alle von den stundenlangen Debatten so sehr geschlaucht, dass keiner mehr reagierte". Resultat ist ein verfassungsrechtlich durchaus problematischer, kollektiver Augenblick der Schwäche, gepaart mit einer nicht nachvollziehbaren Rücksichtnahme auf die Person Juncker.

Die Zeitschrift *forum* beschreibt im Nachhinein eine sonderbare Szene: „Bevor der sichtlich gereizte und gekränkte Staatsminister kurz vor 21 Uhr noch einmal ans Pult tritt, spricht sich der Chef der Exekutive vor den versammelten Abgeordneten mit Parlamentspräsident Laurent Mosar in einer Ecke des Saales offensichtlich über das weitere Vorgehen ab."

Im Trubel der Regierungskrise bleibt unerwähnt, dass die Armbanduhr als verstecktes Aufnahmegerät die SREL-Kontrollkommission bereits einmal beschäftigt hatte. Kurz vor der Parlamentswahl 2009 setzt Jean-Claude Juncker den damaligen Kommissionspräsidenten Charel Goerens über die ihm widerfahrene Schmach in Kenntnis. Den staunenden Mitgliedern der Kommission versichert er, er werde im Geheimdienst für Remedur sorgen. Keiner der Abgeordneten versucht damals, politisches Kapital aus der Angelegenheit zu schlagen. „Hätte ich gewusst, dass Juncker uns vier Jahre später derart für dumm verkaufen würde, hätte ich den Mund nicht gehalten", versichert François Bausch später.

Ende 2012 hält Bausch, inzwischen Präsident des SREL-Kontrollausschusses, nicht mehr still. Um den Untersuchungsausschuss überhaupt auf die Beine zu stellen, muss er sein ganzes taktisches Können unter Beweis stellen. Beim geringsten Fehltritt würde die CSV das Unternehmen torpedieren. Die Mitglieder der SREL-Kontrollkommission dürfen laut Gesetz nicht aus dem Nähkästchen plaudern, bei Missbrauch drohen Strafen. Nach jeder neuen Enthüllung heißt es demnach abzuwägen, ob das Geheimhaltungsgebot gilt oder ob es sich, wie Bausch sich ausdrückt, „um eine Sauerei handelt, die angeprangert werden muss".

Berichterstatter Bausch wird im Zuge der SREL-Affäre mehrfach verleumdet, erhält Drohungen und eine Vorladung vor Gericht. Doch nicht nur das – angesichts des politischen Sprengstoffs sind auch die Erwartungen der Öffentlichkeit an die Kommission groß. François Bausch lässt sich vom enormen Arbeitsaufwand nicht einschüchtern. Neben dem Parlamentssekretariat greift er auf Helfer in Fraktion und Partei zurück, an den Wochenenden hilft seine Familie beim Entflechten der Informationsflut.

Der Fraktionssekretär der Grünen geht mit besonderem Interesse ans Werk. Abbes Jacoby hat im Rahmen des SREL-Skandals seine Geheimdienstakte erhalten und staunt nicht schlecht über die Fülle an Informationen, die anonyme Beobachter und Spitzel über sein Leben zusammengetragen haben. Er findet sich in einer Sammlung alter Fotos wieder, stößt auf Angaben über seine frühe berufliche Laufbahn beim Staat, kann nachlesen, wann und wo er an Veranstaltungen der LCR teilgenommen oder gegen das Atomkraftwerk von Cattenom demonstriert hat, an welchem Tag er zur Arbeit in einer internationalen Brigade nach Nicaragua abgeflogen und wann er aus Managua zurückgekehrt ist. Überhaupt scheint die sandinistische Gefahr für Luxemburg den Geheimdienst besonders zu beunruhigen. In einer der Vereinigung *Association Solidarité Luxembourg – Nicaragua* gewidmeten Akte weist ein unbekannter Autor darauf hin, dass wenigstens das *Luxemburger Wort* sich redlich bemüht, die Propaganda der Sandinisten zu entlarven und so die Gefahr für Luxemburg zu bannen.

Nach 48 strapaziösen Sitzungen legt François Bausch seinen Abschlussbericht vor, dem die CSV-Mitglieder des Ausschusses nicht zustimmen. Aus der Geheimdienstaffäre wird eine Regierungskrise. Die Koaltion bricht auseinander und es kommt zu Neuwahlen.

Die Handvoll Politiker, die über Monate versucht haben, das unsägliche Imbroglio zu entwirren, erhalten dafür wenig Lohn. Das Wahlvolk straft diejenigen ab, die den „stinkenden Fisch" an die Oberfläche bringen. Dass ihr Mut, ihr Fleiß und ihre Ausdauer François Bausch, Alex Bodry und Claude Meisch hoch angerechnet würden, entpuppt sich als Fehlkalkulation von wohlmeinenden, auf Anstand und Verstand vertrauenden Gutmenschen.

Bei der vorgezogenen Legislativwahl am 20. Oktober 2013 büßt zwar Jean-Claude Juncker mehr als 11.000 Stimmen ein, aber das Ergebnis bestätigt auch die Bausch, Bodry und Meisch zugeteilte Judasrolle. Gegenüber der Wahl von 2009 geht die Stimmenzahl von Bodry auf der LSAP-Liste im Bezirk Süden um 6.850 Stimmen zurück. Bausch verliert auf der Liste der Grünen im Bezirk Zentrum 5.912 Stimmen. Meisch, dessen Partei im Südbezirk 2,6 Prozent zulegt, verliert dennoch 83 persönliche Stimmen. Großer Wahlsieger aller Kategorien ist Xavier Bettel, der sich zur Halbzeit im SREL-Untersuchungsausschuss durch Lydie Polfer ersetzen lässt und ohne den Makel des Königsmörders 12.500 Stimmen mehr einheimst als 2009.

16. Ein Wirbelwind auf Stockwerk 16

22. November 1999: François Bausch trifft in Brüssel die belgische Transportministerin zu einer Lagebesprechung über die Probleme mit der Eisenbahnstrecke zwischen Luxemburg und Brüssel. Beide Seiten sind sich einig, dass aufgrund mangelnder Investitionen der zwischen den beiden europäischen Hauptstädten angebotene Service sehr mangelhaft ist. Die Ministerin verspricht einen baldigen Finanzierungsplan zur Erneuerung der Bahnstrecken 162 (Namur – Luxemburg) und 161 (Brüssel – Namur). Die belgische Gesprächspartnerin heißt Isabelle Durant und ist, zu diesem Zeitpunkt, die erste und einzige grüne Transportministerin in einem Land der Europäischen Union. Vier Jahre später erleben die belgischen Grünen ihr „elektorales Waterloo", als die wallonische Partei *Ecolo*, die es 1999 auf 18,3 Prozent geschafft hatte, mehr als die Hälfte ihrer Stimmen verliert und die flämische *Agalev* (heute *Groen*) ganz aus dem Parlament ausscheidet. An der belgischen Föderalregierung sind die Grünen seither nicht mehr beteiligt.

Im Oktober 2003 nimmt die EU-Kommission die Zugstrecke zwischen Brüssel und Luxemburg in die Liste der prioritären europäischen Infrastrukturprojekte auf. Als François Bausch zehn Jahre später das Transportressort in der luxemburgischen Regierung übernimmt, ist immer noch nichts passiert. Die *Pendolino*-Variante, mit deren Neigetechnik die Kurven in den belgischen Ardennen schneller befahren werden sollten, ist längst vom Tisch. Die kürzeste Fahrzeit zwischen dem Hauptbahnhof Luxemburg und dem *Gare du Midi* in Brüssel beträgt drei Stunden und eine Minute. Im Sommer 1974 schaffte der TEE die Strecke in zwei Stunden und 20 Minuten. Im Mai 2017 kündigt Minister François Bausch an, die Bahnfahrt zwischen den zwei Hauptstädten werde ab 2018 um acht und ab 2021 um 20 Minuten verkürzt.

11. Dezember 2013: Der Eisenbahner Marco Bausch bringt wie an jedem Morgen Drucksachen aus seiner Dienststelle in die Pförtnerloge der Generaldirektion. An diesem Mittwoch sagt ihm Direktionsfahrer Marlon Simon, sein Bruder werde im Verwaltungsrat der nationalen Eisenbahngesellschaft erwartet. Nicht ohne Stolz steht der 50-Jährige an der Treppe, als der eine Woche zuvor vereidigte Transportminister im Dienstwagen vorgefahren wird. François Bausch schwingt sich lässig von der Rückbank und reicht CFL-Präsident Jeannot Waringo die Hand. „Bonjour Här Minister", grüßt Marco verschmitzt aus dem Hintergrund.

Was François Bausch in diesem Augenblick wohl durch den Kopf geht? Denkt er zurück an den Anfang der Achtzigerjahre, als er nach dem Abschluss der mittleren Reife hier im fünften Stockwerk beim Personalchef streiten musste, weil es für seinen Karrieresprung keine vorgefertigte Lösung gab? Erinnert er sich an den Generalstreik von 1982, als er eben diesen Eingang gegen Streikbrecher abriegelte? Oder hat er vor Augen, wie er Anfang der Neunziger aufgrund des grünen Rotationsprinzips im benachbarten Bahnhofsgebäude arbeitet, für ein weiteres Examen büffelt und gleichzeitig den Sprung in die obere Laufbahn und ins Parlament schafft? Vielleicht widmet er auch seinen Vorgängern Albert Bousser, Marcel Schlechter oder Lucien Lux einen Gedanken? Diese drei waren Eisenbahner wie er und leiteten sein Ministerium 50, 30 und zehn Jahre vor ihm. Der *inspecteur divisionnaire* Albert Bousser (1906–1995) war von 1964 bis 1968 sozialistischer Bauten- und Verkehrsminister. Marcel Schlechter (geb. 1928) begann seine CFL-Laufbahn wie Bausch im Gleisbau, wurde Busfahrer und war von 1984 bis 1989 LSAP-Minister für Transport, Öffentliche Bauten und Energie. François Bausch lernt beide in der Gewerkschaft kennen. Als er beginnt, in der Verbandsjugend tätig zu werden, leitet Albert Bousser die Pensioniertenabteilung. Marcel Schlechter ist Präsident des Sektors der Berufsfahrer. Mit beiden verbindet ihn keine Seelenverwandtschaft.

Einem weiteren seiner Vorgänger begegnet Bausch bereits als ganz junger Kerl im Beruf: Auch Lucien Lux begann seine berufliche Laufbahn bei der Eisenbahn, wechselte aber nach kurzer Zeit als Gewerkschaftssekretär zum LAV/OGBL. 1989 werden die beiden Gleichaltrigen in die Abgeordnetenkammer gewählt. Lux ist von 2004 bis 2009 sozialistischer Transport- und Umweltminister. Nun spricht François Bausch als Minister vor dem obersten Gremium der Gesellschaft, für die er vor seiner Wahl ins Parlament zwei Jahrzehnte gearbeitet hat.

Joschka Fischer erklärt nach seinem Ausstieg aus der aktiven Politik, der Unterschied zwischen Parlament und Regierung sei der, „dass man sich jetzt plötzlich an der Nahtstelle von Macht und Recht befindet und das in Verwaltung umsetzen muss. Es ist im Grunde etwas sehr Langweiliges, aber Unverzichtbares." Doch für Menschen wie ihn und François Bausch wiegt die Langeweile der unzähligen, zu leistenden Unterschriften nicht viel im Vergleich zu der Genugtuung, endlich Dinge umsetzen zu können, für die sie sich lange Zeit eingesetzt haben. Diese neue Macht befriedigt François Bausch enorm. „Ich bin in der Regierung um etwas zu bewegen", heißt sein Motto. Und das tut er auch. „Er nutzt jede Minute am Tag, um an der Verwirklichung seiner Ziele zu arbeiten", kommentiert Dany Frank. Wie er vor 40 Jahren ideologische Brandschriften verschlang, liest er nun lustvoll Fachliteratur über öffentlichen Transport, Fahrradkultur, Elektromobilität, Carsharing, Carpooling, Landesplanung und allmögliche nachhaltige Zukunftsvisionen. In den Augen der Pressesprecherin des Ministeriums besitzt er „politischen Mut ohne Ende". Er ist engagiert und setzt sich ein, und so erwartet er auch von seinen Mitarbeitern Engagement und Einsatzbereitschaft. Er hat ein Gedächtnis wie ein Elefant. Dadurch besitzt er die Fähigkeit, keines seiner zahlreichen Dossiers aus den Augen zu verlieren. „Immer wieder hakt er nach", erklären mehrere Beamte vom Kirchberg. „Aber nicht aufdringlich, sondern auf konstruktive Art, so dass die Sachbearbeiter sich nicht drangsaliert fühlen", präzisieren sie.

Er kann delegieren und dafür muss er seinen führenden Mitarbeitern vertrauen können. Für ihn spielt die Parteizugehörigkeit keine Rolle, es zählen Kompetenz und Loyalität. „Wenn man in sein Raster passt, dann entschuldigt er auch einen Fehler", beschreibt Dany Frank seinen Führungsstil. Sein Raster, das ist das Muster seiner eigenen Stärken und Schwächen. „Er holt jeden dort ab, wo er steht." Dany Frank führt diese Fähigkeit darauf zurück, dass er kein abgehobener Intellektueller ist. Sie erkennt ihm „unheimlich viel Empathie, Einfühlsamkeit und emotionale Intelligenz" zu. Und auch wenn er in Ausnahmefällen mit der Faust auf den Tisch haut: „Überheblichkeit ist ihm fremd." Einzig seine Ungeduld irritiere manchmal seine Mitarbeiter. „Immer wieder fragt er nach, ob es nicht schneller geht."

Etwa alle fünf Wochen sitzt der Minister mit den Verantwortlichen seiner Verwaltungen zusammen und erörtert alle laufenden und zukünftigen Projekte. Die Tagesordnung wird von beiden Seiten gespeist. Immer wieder stellt der Minister die Frage: „Geht es nicht schneller?" Bei allem Druck überschreitet er aber nie die rote Linie, hinter der die Mitarbeiter nicht mehr mitmachen würden. Ein führender Beamter bringt das Gleichgewicht zwischen Anstrengung und Genugtuung augenzwinkernd auf den Punkt: „Wer die Arbeit nicht scheut, der arbeitet gerne mit ihm zusammen."

* * *

Nach seinem Amtsantritt will Minister Bausch keine Zeit verlieren und beginnt gleich den Marathon um die Trambahn in der Hauptstadt. Auf seinen Druck hin bricht sogar das notorisch träge Räderwerk der Abgeordnetenkammer prozedurale Geschwindigkeitsrekorde. Nachdem Peter Feist später im *Lëtzebuerger Land* einen kritischen Beitrag mit dem provokativen Untertitel *Grüne Mobilitätspolitik könnte noch anders aussehen als die, die François Bausch macht* veröffentlicht, verteidigt der

Minister seine Politik in einem offenen Brief am Beispiel der Tram: „Wer (...) vorhergesagt hätte, dieses Gesetz würde am 4. Juni 2014 von 56 der 60 Abgeordneten mitgetragen, hätte als Optimist gegolten; wer für den Sommer 2016 Tramschienen auf dem Kirchberg angekündigt hätte, als Utopist." Weil die Tram ohne den Bahnhof *Pfaffenthal-Kirchberg* nicht halb soviel Sinn ergibt, macht er Druck auf die CFL, damit der neue Haltepunkt und die dazugehörige Standseilbahn zum Kirchberg-Plateau „ein Jahr früher als ursprünglich geplant in Betrieb" gehen, wie er in dem offenen Brief an Feist weiter schreibt.

Peter Feists Behauptung, François Bausch habe noch nie in dieser Legislaturperiode Anlass gehabt, „für ein Mobilitätsvorhaben zu kämpfen", stößt dem Grünen-Minister besonders auf. Er fragt den Journalisten, wo er das erste Halbjahr 2014 verbracht habe, als die Tram-Debatte noch einmal hochkochte und es ihm dennoch gelang, das Vorhaben in kürzester Frist gesetzlich abzusichern.

Auf des Journalisten Feststellung, „die brisanteste Frage" der Mobilität seien die langen Fristen von der politischen Entscheidung über die Planung bis zum Bau, antwortet Bausch lakonisch: „Übrigens könnte auch ich mir eine andere grüne Mobilitätspolitik vorstellen: dieselbe, bloß noch schneller."

Im Ministerium hat François Bausch die Planungsstelle, in der alle beteiligten Akteure die Mobilitätsprojekte festlegen und untereinander abstimmen, neu organisiert und personell verstärkt. Das Gremium hat er von seinem Vorgänger geerbt. Ohnehin hat die Wende in der Mobilitätspolitik nicht auf die Ankunft des grünen Ministers im 16. Stock des Hochhauses auf dem Kirchberg gewartet. Provokativ weist demnach auch Peter Feist in seinem bereits erwähnten Bausch-kritischen Artikel im September 2016 im *Lëtzebuerger Land* auf die Vaterschaftsfrage der neuen Mobilitätspolitik hin: „Aber die Tram und andere großen

Schienen-Infrastrukturprojekte, die derzeit in Arbeit sind, enthalten für François Bausch und die Grünen auch ein Problem: Es sind nicht ‚ihre' Projekte." Den Tram-Konsens habe Minister Lucien Lux 2006 geschmiedet, die Standseilbahn an der „Roten Brücke" habe von der vorigen Regierung grünes Licht erhalten und auch das Mobilitätskonzept *Modu* sei unter Claude Wiseler erarbeitet worden.

***

Eigentlich gerät das blinde Vertrauen in die Auto-Mobilität in den Achtzigerjahren des vorigen Jahrhunderts ins Wanken. Nach Jahrzehnten des Abbaus von öffentlichen Transportleistungen bei Bahn und Bus wirkt 1980 die drohende Schließung eines Bahnabschnittes der Strecke Luxemburg – Lüttich in Belgien wie ein Fanal. Wenn die SNCB diesen Schienenstrang stilllegt, wird die CFL-Nordstrecke an der belgisch-luxemburgischen Grenze gekappt. Der Landesverband der Eisenbahner organisiert erfolgreich den Widerstand gegen dieses Todesurteil für die Luxemburger Bahn und trägt damit dazu bei, das Umdenken in der Gesellschaft einzuleiten.

Mit dem Abschluss der Modernisierungsarbeiten an der Nordstrecke, ist das ganze Luxemburger Bahnnetz elektrifiziert. Es werden nun wieder zusätzliche Haltestellen – Schieren, Cents-Hamm, Heisdorf – geschaffen. Zur gleichen Zeit beauftragt die Stadt Luxemburg den Schweizer Verkehrsexperten Heinrich Brändli mit der Reorganisation des Busnetzes, um den Verkehrsbetrieb der Hauptstadt kostengünstiger zu gestalten. „Dann wurde aus der Sparübung das Bestreben, einen besseren öffentlichen Verkehr zu schaffen", erklärt Brändli später in einem Interview.

Treibende Kraft hinter dem Plan ist der CSV-Verkehrsschöffe Willy Bourg. Während Minister Robert Goebbels den Taktverkehr landesweit bei der Eisenbahn einführt, tut Bourg es bei den hauptstädtischen Bussen. Goebbels erhöht das Fahrplanangebot der Bahn um 40 Prozent, die RGTR-Busse leisten 50 Prozent mehr Fahrten. Auch der Tarifverbund von Bahn und Busbetrieben wird vom sozialistischen Transportminister verwirklicht. Der Beginn der Neunzigerjahre markiert den Anfang einer neuen, offensiven Verkehrspolitik in Luxemburg.

Goebbels' Nachfolgerin Mady Delvaux-Stehres treibt das BTB-Projekt voran, das allerdings scheitern wird, vordergründig an parteipolitischen Widerständen, in Wahrheit aber an den objektiven Kapazitätsgrenzen des Luxemburger Eisenbahnnetzes. Nach der Klammer Grethen geht es mit Lux, Helminger und Bausch wieder voran.

* * *

Claude Wiseler und François Bausch kennen sich aus der Zeit, als der Grüne bereits Abgeordneter und Wiseler noch Regierungsrat im Familienministerium war. Sie haben sich auf Anhieb gut verstanden und sind stets respektvoll miteinander umgegangen. Für Wiseler muss der Regierungswechsel Ende 2013 etwa so gewesen sein, als habe sein bester Freund ihm die Freundin ausgespannt. Doch bei der Schlüsselübergabe lobt er den Grünen als seinen bestmöglichen Nachfolger. Insider wissen, dass Wiseler bei einer weiteren Regierungsbeteiligung der CSV das Nachhaltigkeitsministerium ohnehin nicht mehr angepeilt hätte. Keiner im Ministerium möchte den alten Chef anschwärzen, aber seine zarte Art, Probleme anzugehen, wird innerhalb des Hauses eher kritisch beurteilt, seit man die Methodik vergleichen kann. MDDI-Mitarbeiter erzählen, dass der frühere Minister eine Akte, durch die er sich am Tag gearbeitet hatte, am Abend zur Seite legte und sie am folgenden Morgen wieder aufschlug, um sie ein weiteres Mal zu studieren. Nach einem Frontalangriff im *Journal* von Claude Wiseler gegen François Bausch in Sachen Landesplanung, wird dieser, trotz aller Freundschaft, ungemütlich und antwortet schroff: „Überhaupt habe ich nicht viele Projekte in meiner Schublade vorgefunden, was nicht heißen will, dass Claude Wiseler kein fleißiger Minister war, aber er hat vor allem Dossiers verarbeitet, indem er sie von der linken Seite in seinem Büro auf die rechte gelegt hat. (…) Bei mir wird nichts von links nach rechts gelegt, sondern von links zur Entscheidung." In der Tat fällt der Stilbruch ins Auge: François Bausch liest ein Dossier durch, denkt darüber nach, trifft eine Entscheidung und handelt. Am Tag danach öffnet er die nächste Akte.

Mit dem brisanten und komplexen Thema der Landesplanung, an dem sich bereits mehrere Minister die Zähne ausgebissen haben, muss sich nun François Bausch auseinandersetzen. Bereits 20 Jahre zuvor tat der junge Grünen-Politiker seine Ansichten zur Wachstumsfrage kund. Die Richtung, die er 1993 in einer Broschüre der GAP-Arbeitsgruppe *Wirtschaft und Arbeit* anpeilt, muss vereinzelte Ur-Grüne in Rage versetzt haben: „Alle Forderungen nach einer unangetasteten Natur sind falsch und vor allem lenken sie vom eigentlichen Problem ab", behauptet er unter dem provokativen Titel *Richtiges Wachstum ist besser als falscher Verzicht*. Es könne nicht darum gehen, Wirtschaftswachstum in Frage zu stellen. „Vielmehr kommt es darauf an, ökonomische Modelle zu suchen, die einerseits auf der Schonung der natürlichen Lebensgrundlagen aufbauen und andererseits den sozialen Fortschritt für alle garantieren." Die Lösung bestehe darin, „dass wir uns innerhalb des Ökosystems nicht wie Elefanten im Porzellanladen benehmen". François Bausch muss also keine „Kröten schlucken", als er 20 Jahre später Landesplanungsminister wird. Die Frage des künftigen Gleichgewichtes zwischen Wohnen, Arbeiten und Freizeit geht er frontal und sachkundig an.

Bezeichnenderweise ist das verbale Scharmützel um das Landesplanungsgesetz 2017 im *Journal* die erste große Auseinandersetzung zwischen Bausch und seinem Amtsvorgänger. Der Minister rächt sich für die Attacke und hält dem CSV-Spitzenmann den Spiegel vor: „Ich behaupte dann auch, dass in der Landesplanung, außer in der Periode von Alex Bodry in den Neunzigerjahren beziehungsweise in den Jahren, wo sich Michel Wolter verantwortlich zeigte, effektiv nichts geschehen ist. Unter Jean-Marie Halsdorf und unter Claude Wiseler ist in der Landesplanung nicht viel gelaufen." Er erinnert auch daran, dass beim Tram-Projekt „das Gesetz, das ich am Anfang der Legislaturperiode vorfand, nicht ganz schlüssig war". Und er setzt noch eins drauf: „Ich sehe die Welt nicht wie Herr Wiseler schwarz-weiß, und ich behaupte nicht, dass meine Vorgänger nichts gearbeitet haben. Man muss aber vielleicht aufpassen, was man sagt, nachdem man schon vier Jahre nicht mehr in der Regierung ist, und dann aber so tut, als wäre alles, was jetzt getan wird, noch sein eigener Verdienst."

In der Tat bricht der Politikstil des François Bausch mit einer gewissen Lethargie, die in der langen Zeit der CSV-Vorherrschaft in Luxemburg Überhand genommen hatte. Im Gegensatz zum „Gepiddels" von vorher sehen sich Bausch und eine Anzahl weiterer Minister der blau-rot-grünen Regierung in der Pflicht, resolut nach vorne zu schauen, innovativ zu sein und Nägel mit Köpfen zu machen, statt immer mit mindestens einem Fuß auf der Bremse zu stehen.

Im Nachhaltigkeits- und Infrastrukturministerium warten sehr viele Nägel auf ihre Köpfe: Straßenbau und Verkehrssicherheit, Eisenbahn und milliardenschwere Investitionen, Luftfahrt und Nachtflugverbot, öffentliche Bauten und Landesplanung sind nur einige der Bereiche, die allesamt im MDDI auf Lösungen warten.

In das komplexe Thema der Luftfahrt konnte Bausch sich bereits als Schöffe der Stadt Luxemburg einarbeiten. Robert Goebbels stichelt: „Damals wollte er weniger Flugbewegungen auf Findel. Seit er Minister ist, fliegen mehr Flugzeuge denn je den Flughafen an." In der Tat ist die

Zahl der Flugpassagiere in Bauschs drei ersten Ministerjahren von zwei auf drei Millionen gestiegen. Er kennt das Spannungsfeld zwischen der Ablehnung der Nachtflüge durch die Anwohner und den wirtschaftlichen Interessen der Fluggesellschaften und bringt die Einwohner mit den Vertretern der Airlines zusammen, um gemeinsam Lösungen auszuarbeiten. Am heißen Eisen der Kapitalstruktur der Cargolux hat sich vor Jahren nicht Ressortminister Claude Wiseler die Finger verbrannt, sondern der als sehr begabt gehandelte Finanzminister Luc Frieden mit seiner katarischen Option. Der Grünen-Minister setzt gleich nach Amtsantritt unaufgeregt auf die chinesische Karte und bringt damit Ruhe ins Spiel. Als er die Anteile der ehemaligen Lufthansa-Beteiligung an der Luxair, die unter der vorigen Regierung zeitweise vom Staat übernommen worden waren, einem italienischen Investor verkauft, freut sich zwar keiner so richtig, aber seither herrscht auch in der Kapitalstruktur der nationalen Fluggesellschaft Ruhe. Das unter seinen Vorgängern ausgebuddelte Loch unter dem Flughafen Findel, das einmal als Bahnhofshalle dienen sollte, will der Minister in ein Datenzentrum umwandeln. „Et nervt mech wann de Stat investéiert huet a mir hunn do eppes gemaach, fir dann ze soen: Mir loossen dat elo leien, mir bekëmmeren eis net drëm. Ech mengen, dat kann net de Sënn sinn", kommentiert er im Parlament.

Seit Jahren sind die Radaranlagen, mit denen die Sicherheit auf Luxemburgs Straßen erhöht werden soll, ein Dauerthema. 2007 kündigt Transportminister Lucien Lux an, 20 automatische Blitzer entlang der Straßen des Landes aufzustellen. 2010 stellt sein Nachfolger Claude Wiseler derartige Apparate für 2011 an besonders gefährlichen Stellen in Aussicht. 2012 kündigt er sie erneut an, und im Juli 2013 erklärt er dem *Journal*, er könne noch nicht sagen, wann die Ersten aufgestellt würden. Als im September 2015 ein Verkehrsunfall durch überhöhte Geschwindigkeit zwischen Gonderingen und Waldhof drei Todesopfer fordert, kündigt auch François Bausch die Aufstellung von Radarfallen an. Sechs Monate nach dem Unfall blitzen die Apparate an zehn

Standorten, weitere folgen in den nächsten Monaten und Jahren. Und im Jahre 2017 sind zum ersten Mal, seit es Statistiken gibt, weniger als 30 Verkehrsopfer auf Luxemburgs Straßen zu beklagen.

„A wéi der mech entre-temps kennt: Wann ech eppes ukënnegen, da kënnt och eppes no", erklärt er vor den Abgeordneten. So dauert es auch nur einige Monate, bis nach mehreren schweren Unfällen Ampeln den Verkehr an der gefährlichen Kreuzung am *Schlammesté* regeln. Die Nordstraße, so kündigt er an, werde zwischen Colmar-Berg und Ettelbrück auf vier Spuren ausgebaut. Dem leidigen Problem der überhöhten Taxipreise versucht er mit einer tiefgreifenden Reform Herr zu werden. Sein Lieblingsgegner Robert Goebbels hat allerdings den Eindruck, dass er viel mehr ankündigt als er verwirklicht. „In Stockem bei Arlon soll ein riesiger *Park&Rail*-Platz für belgische Grenzgänger entstehen. Ich höre nichts mehr davon", spöttelt er. Doch gerade bei der Eisenbahn setzt der Minister Akzente, indem er insgesamt 17 Großbauprojekte mit Investitionen von 3,8 Milliarden Euro bis 2023 auf die Schienen setzt.

Eines von François Bauschs Glanzstücken ist die europäische Einigung über das seit Jahren umstrittene vierte Eisenbahnpaket. Das Vorhaben ist ziemlich technisch und das Interesse beschränkt sich auf Fachkreise aus dem Transportsektor. Seit Jahrzehnten arbeitet die Europäische Kommission daran, den Schienentransport in den Mitgliedsstaaten zu harmonisieren und zu liberalisieren, damit alle konkurrierenden Unternehmen ihre Transportleistungen gleichberechtigt auf allen europäischen Bahnnetzen anbieten können. Die Vorherrschaft nationaler Eisenbahngesellschaften soll zugunsten eines freien Marktes gebrochen werden. Die Gewerkschaften fordern jedoch den Schutz der nationalen Unternehmen und den Erhalt der Rechte ihrer Beschäftigten. Für die Luxemburger CFL könnte die Liberalisierung des Eisenbahnmarktes den Todesstoß bedeuten.

Bislang war es noch keinem Halbjahres-Chef des EU-Ministerrates gelungen, den gordischen Knoten zu lösen. Transportminister François Bausch nimmt sich vor, die Diskussionen während der luxemburgischen EU-Präsidentschaft zu Ende zu bringen. Am 8. Oktober 2015 findet die entscheidende Sitzung im Kirchberger Konferenzzentrum statt. Dass die 28 Minister eine Einigung erzielen, führt die zuständige Kommissarin Violeta Bulc nicht zuletzt auf Bauschs Verhandlungsgeschick zurück. „Ohne seine politische Erfahrung, seine Energie und seine pragmatische Herangehensweise wären die Verhandlungen nicht so erfolgreich verlaufen", gibt sie sich überzeugt. „Er schwafelt nicht und kommt gleich auf den Punkt." Die slowenische Politikerin schätzt auch seine Zuverlässigkeit. „Wenn wir uns auf einen Kompromiss geeinigt haben, dann hält er sich daran." Und wenn er nicht einverstanden sei, rede er nicht um den heißen Brei herum. „Man weiß immer, wo man mit ihm dran ist. Er weiß, was er will und verliert sein Ziel nicht aus den Augen. François ist ein guter Verhandlungsführer." Erfreut ist sie auch über seinen Kurs nach dem Anschlag in einem *Thalys*-Zug im Sommer 2015 im belgisch-französischen Grenzgebiet. Als Antwort darauf forderten mehrere Minister, den Zugang zu potenziell gefährdeten Bahnhöfen einzuschränken. „François hat mich dabei unterstützt, überzogene Maßnahmen zu verhindern." Auf ihn könne sie sich stets verlassen.

Während man durchaus den Eindruck haben kann, dass die Luxemburger Eisenbahngewerkschaften, die seit Jahren gegen die Liberalisierung mobil machen, die Einigung verschlafen haben, ist der frühere FNCTTFEL-Präsident Josy Konz voll des Lobes für Bauschs Erfolg und die erzielte Ausnahmeregelung für kleine Bahnnetze wie das luxemburgische: „Da ich aus eigener Erfahrung weiß, wie es auf EU-Ebene zugeht, hatte ich nicht erwartet, dass er diesen Kompromiss durchsetzen würde." In den Neunzigerjahren hat Josy Konz die ersten Diskussionen über die Liberalisierung im Eisenbahnwesen in den Brüsseler Mitbestimmungsgremien hautnah miterlebt. Überhaupt hat er seine Einstellung zum früheren Kollegen geändert: „Als ich Präsident des Landesverbandes war, ärgerte der Gewerkschaftsmilitant Bausch mich oft, aber nun kann ich ihm nur meinen Respekt zollen. Bislang hat noch keine Regierung soviel Finanzmittel für den öffentlichen Transport und insbesondere für die Eisenbahn zur Verfügung gestellt. Er ist der richtige Mann am rechten Ort."

Am Ende der luxemburgischen EU-Ratspräsidentschaft zitiert das *Luxemburger Wort* die Schlussfolgerung des Fachjournalisten Pascal Hansens von der *Agence Europe*: „Trotz einer pessimistischen Ausgangslage hat die luxemburgische Ratspräsidentschaft eine Einigung zum sehr heiklen vierten Eisenbahnpaket erzielt – was durchaus ein Kraftakt ist." *Wort*-Journalist Diego Velazquez fügt hinzu: „Somit konnte Bausch ein alternatives Image und pragmatische Kontinuität gewandt miteinander verknüpfen."

17. Un-Geduld

Zu viel Geduld kann zu Trägheit führen und Ungeduld wird leicht zur Fehlerquelle. Demnach liegt der Schlüssel zum Entziffern der Persönlichkeit des François Bausch und zum Verstehen seines Lebensweges vermutlich im Spannungsbogen zwischen Geduld und Ungeduld.

Immer wieder, wenn er sich in seinem Leben gesagt hat, dass „dat dach net alles ka gewiescht sinn", gelang es ihm etwas zu unternehmen, damit es nicht beim Alten blieb. Das tat er einerseits mit Ungeduld, um ja nur schnell voranzukommen, aber eben auch mit der nötigen Portion Ausdauer, nachdem ihm bewusst wurde, dass gut Ding Weile braucht.

Als junger Erwachsener entdeckt er seine Begeisterung für Politik und stürzt sich fieberhaft auf alle Schriftstücke, die ihm helfen, seine Analysefähigkeit zu schärfen. Obwohl, oder gerade weil sein Wissensstand jenem vieler Kollegen und Genossen überlegen ist, fehlt ihm damals die Geduld zur Diskussion. Heute holt er gelassen und nachsichtig jeden dort ab, wo er steht.

Den zweiten Bildungsweg bricht der Mitzwanziger Bausch ab, da seine jugendliche Ungeduld ihn daran hindert, die vielen gewerkschaftlichen und politischen Aktivitäten hintanzustellen. Weil der sozialdemokratische Politikansatz der kleinen Schritte ihn nicht schnell genug ans Ziel führt, zieht es den ungezügelten Jungpolitiker ans extrem linke Ufer. Schließlich landet er im der grünen Partei ureigenen Spannungsfeld zwischen Aktion und Ausdauer, stellt sich dort aber nicht geduldig an, sondern setzt sich gleich mit ungehaltenem Eifer an die Spitze.

Nun lernt er, Geduld zu üben. Bei seiner ersten Kommunalwahl 1987 landet er ziemlich weit hinten. 1989 wird er Abgeordneter, muss aber 1992 seinen Platz im Parlament räumen. 1994 wird er um ein Haar nicht gewählt und 1999 wird er wie alle, die für die Tram sind, vom Wähler abgestraft.

Doch bald wird er für sein Festhalten belohnt. Als er 2004 zum ersten Mal Spitzenkandidat der Grünen im Zentrum ist, gewinnt die Partei einen Sitz hinzu und klettert insgesamt von fünf auf sieben Parlamentssitze. Ein Jahr später öffnet ihm der Sieg der Grünen in der Hauptstadt die erste Tür zur Macht. Ungeduldig setzt er als Schöffe Zeichen, verschafft dem Fahrrad Platz in der Stadt und setzt die Tram auf die Schienen.

2013 verlieren die Grünen nach der vorgezogenen Parlamentswahl einen Sitz. François Bausch setzt auf Beharrlichkeit und bereitet sich am Wahlabend auf weitere fünf Jahre in der Opposition vor. Er ist überzeugt, dass sein Freund Xavier Bettel den Wahlsieg seiner DP zu einer bequemen Koalition mit der CSV nutzen wird. Doch um 19 Uhr verabredet sich der DP-Chef in einer Telefonkonferenz mit Etienne Schneider und François Bausch zum Gespräch über die Bildung einer Koalition aus DP, LSAP und *Déi Gréng*. Die Geduld hat sich gelohnt. Im Amt wandelt der Minister seine Ungeduld in Engagement und Zielstrebigkeit um. Statt Geduld zu üben, zeigt er, zusammen mit anderen Ministerkollegen, dass Politik mehr sein kann als „Gepiddels".

In seiner Rede zur Einweihung der Tram stellt er fest, dass Mobilität in diesem Land etwas überaus Kompliziertes ist. Wohl auch deshalb habe es keiner seiner Vorgänger mehr als fünf Jahre im Amt geschafft. Es stimmt, seit 1984 wechselt der Transportminister nach jeder Wahl. In der gesamten Nachkriegszeit führten nur Victor Bodson, Marcel Mart und Josy Barthel das Ministerium länger als eine Legislaturperiode. Und François Bausch?

Geduld ...

Epilog

5. September 1964 – Die letzte, alte Tram fährt von Beggen den Eicherberg hinauf zum Theaterplatz. In der Menschenmenge am *Place Dargent* steht auch der kleine François Bausch aus Weimerskirch. Der Siebenjährige winkt dem festlich geschmückten Auslaufmodell freudig zu.

53 Jahre, drei Monate und fünf Tage später fährt die erste, neue Tram vom Halt *Rout Bréck–Pafendall* den Kirchberg hinauf bis in den neuen *Tramsschapp* am östlichen Ende der Hauptstadt. Der 61-jährige François Bausch, Minister für Nachhaltige Entwicklung und Infrastrukturen, ist an Bord der Jungfernfahrt, zusammen mit zahlreichen Ehrengästen, darunter Großherzog Henri und Großherzogin Maria Teresa. Zwei Wochen vor der Einweihungsfeier sendet er einem Freund eine SMS: „Bass de prëtt fir den 10.12.? Et gëtt mega, et sinn iwwer 600 Leit ugemellt." Er freut sich auf den Tag, an dem endlich wieder eine Straßenbahn in der Stadt Luxemburg fährt, gleichzeitig zwei neue Bahnstationen und eine innovative Standseilbahn eröffnet werden. Diese Neuerungen fügen sich wie die ersten Puzzlestücke zum Mobilitätskonzept der Zukunft zusammen. In seiner Festrede nennt sie der Minister „een Avant-goût drop, wéi d'Mobilitéit vun der Zukunft wäert ausgesinn".

Mehr als zwei Jahre zuvor weihte François Bausch mit dem Großherzog und hunderten Ehrengästen die Nordstraße ein. Als Parlamentarier hatte der Grünen-Politiker die vierspurige Autobahn, die den Norden

Luxemburgs an die Hauptstadt anbindet, immer bekämpft. Wie er sich dann als Minister anstellt, um die fertige Straße einzuweihen, bringt ihm von allen Seiten Respekt ein. „Wäre die Diskussion sachlicher geführt worden, hätte eine bessere Lösung ausgearbeitet werden können", gibt er sich versöhnlich, ohne seine Vergangenheit leugnen zu müssen.

Bei der Stadtbahn stehen die Signale grundlegend anders. Bereits im kommunalen Wahlkampf 1987 fordern François Bausch und die hauptstädtische Sektion der grün-alternativen Partei den Bau einer Trambahn. Die folgenden 30 Jahre wird er nicht müde, sich für ein schienengebundenes Transportmittel in der Hauptstadt einzusetzen. Nach vielem Auf und Ab steht er nun als Minister im neuen *Tramsschapp* am Rednerpult und weiht das erste Teilstück der Straßenbahn ein, die bei vielen verpönt war, auch bei solchen, die nun in der ersten Reihe sitzen und klatschen.

Frei vom Risiko sich in Widersprüche zu verstricken, scheint seine Aufgabe leichter als zwei Jahre zuvor im Grünewald. Diesmal hat er jedoch die besondere Herausforderung, niemandem zu nahe zu treten und dennoch die Geschichte der Tram so zu erzählen wie sie war. Politisch wäre es äußerst unklug, gerade jetzt, wo ein Konsens über die Notwendigkeit der Straßenbahn besteht, mühsam zusammen gekittetes Porzellan zu zerbrechen.

Trotzdem scheut sich der Minister nicht, auf „déi demagogesch Campagne vun DP an CSV" hinzuweisen und entlarvt die später von den direkt Interessierten in die Welt gesetzte Fassung, ihnen sei es damals lediglich darum gegangen, den BTB als „Zug" in der Stadt zu verhindern: „Kommt mir maachen eis näischt vir. Enn de Nonzegerjoren ass et net nëmmen drëm gaangen, de BTB net ze bauen, (... mä) dat et net erwënscht war, e schinnegebonnent Verkéiersmëttel duerch d'Stad ze bauen." Durch etliche Verschachtelungen klingt der Satz im Original weniger klar als in dieser Zusammenfassung, was einen DP-Abgeordneten nicht davon abhält, nachher zu flachsen: „Ich glaubte zeitweise, auf einer Grünen-Wahlversammlung zu sein."

Dem vor ihm zuständigen Claude Wiseler bescheinigt François Bausch, Kontinuität bewiesen und weiter an dem von seinem Vorgänger Lucien Lux mit der Stadt Luxemburg ausgehandelten Konzept gearbeitet zu haben. Er sagt auch, der frühere Minister habe fünf Jahre gebraucht, ehe er das erste Finanzierungsgesetz fertig hatte.

Harmlos hört sich auch die Rede des Premierministers an. Xavier Bettel verteidigt die Entscheidung, das erste Teilstück der Tram gleich in Betrieb zu nehmen. Warum? Weil Claude Wiseler 2014 im Parlament dagegen war und damals forderte, die Tram dürfe erst nach Fertigstellung der ganzen Strecke fahren. Der Regierungschef verteidigt auch die Ausdehnung des Streckennetzes bis nach *Cloche d'Or* und Findel. Warum? Weil die CSV eine entsprechende Motion von LSAP, DP und *Déi Gréng* 2014 abgelehnt hatte.

Zum Abschluss dankt François Bausch seinen fünf Vorgängern Robert Goebbels, Mady Delvaux-Stehres, Henri Grethen, Lucien Lux und Claude Wiseler, da sie allesamt am Tramprojekt beteiligt waren. Vor allem aber dankt er seinen Mitarbeitern und engsten Vertrauten, in und außerhalb des Ministeriums, den vielen Menschen, die hinter ihm stehen. Mit dem ihm ureigenen verschmitzten Lächeln fügt er hinzu:

„Si hunn heiansdo vill Gedold mat menger Ongedold."

Stationen eines Politikerlebens

1973	Anstellung bei der Eisenbahn
1977	Mitglied bei den Jusos, später in der LSAP
1978	Zweiter Bildungsweg
1979	Erster Artikel im Gewerkschaftsblatt *Signal*
1982	Mitstreiter der Streikbewegung gegen die Austeritätspolitik
1984	Austritt aus der LSAP
1986	Mitglied der *Gréng Alternativ Partei* (GAP)
1987	Kandidat für den Gemeinderat Luxemburg
1989	Wahl zum Abgeordneten
1992	Im Rahmen des Rotationsprinzips Verzicht auf sein Mandat
1994	Wiederwahl ins Parlament
1995	Zusammenschluss der zwei grünen Parteien
1996	Turnusgemäß für ein Jahr Präsident der Grünen-Fraktion
1999	Fraktionspräsident bis 2013
2004	Wahlsieg bei der Parlamentswahl
2005	Erster Schöffe einer DP-*Déi Gréng*-Koalition in der Hauptstadt
2012	Berichterstatter des Untersuchungsausschusses der Geheimdienstaffäre
2013	Minister für Nachhaltige Entwicklung und Infrastrukturen in der DP–LSAP–*Déi Gréng*-Regierung
2015	Einweihung der Nordstraße
2017	Inbetriebnahme des ersten Teilstücks der Tram

Romain Meyer und François Bausch bei der Einweihung der Tram am 10. Dezember 2017.

Danke

Der besondere Dank des Autors gilt Abbes Jacoby.

Für ihre Mitarbeit und für die Zustimmung, ihre Aussagen in dem vorliegenden Buch zu verwenden, bedankt sich der Autor bei:
Serge Allegrezza, Anni Bausch-Goedertz, Emile Bausch, Marco Bausch, Pierre Bertemes, Alex Bodry, Bib Bordang, Violeta Bulc, Michael Cramer, Dany Frank, Robert Garcia, Jean Geisbusch, Robert Goebbels, Richard Graf, Jean „Muck" Huss, Josy Konz, Philippe Lamberts, Claudette Majerus, Charel Margue, Gilbert Pregno, Jean-Claude Reding, Marlon Simon, Sam Tanson, Guy Wagener, Renée Wagener, Nico Wennmacher

Einen großen Dank für ihre wertvolle Mitarbeit richtet der Autor zudem an:
Monique Bartholmé, Frank Bertemes, René Birgen, Gina Conter, Michel Dondelinger, Nadine Entringer, Wolfgang „Dulli" Frühauf (†), Nico Georges, Guy Greivelding, Cyrille Horper, Doris Horvath, Manuel Huss, Josiane Kartheiser, René Kollwelter, Jeannot Krecké, Thierry Kuffer, Lucien Lux, Stéphane Majerus, Dan Michels, Gust Muller, Désirée Oen, Pierre Puth, Elisabeth Pütz, Christophe Reuter, Jean-Philippe Ruiz, Meris Sehovic, Anne Spaus, Romain Tranchida, Claude Turmes, Jérémie Zeitoun

E grousse Merci dem Christiane fir seng Hëllef an seng Gedold während der Zäit, an där ech recherchéiert a geschriwwen hunn.

Quellen

Umschlag: „Rien n'est [...] heure est venue."
Victor Hugo (1802–1885).

9   „Pas question de [...] d'atomes crochus."
    Jean Lacouture, „Profession biographe, conversations avec Claude Kiejman", *Hachette Littératures*, 2003.

13 „Den Här Bausch [...] Discours war exzellent."
    Großherzog Henri im Interview mit Journalist Nico Graf, „Owes-Journal", *RTL Radio Lëtzebuerg*, 23. September 2015.

21 (...) „was ein Aufwärtstrend [...] Jahr (16 Mitglieder)". (...) „dass es fast [...] gewerkschaftliche Arbeit zeigen" (...) „Ein Appell also [...] vor sich haben."
    Signal, April 1979.

23 „Je pense que [...] pour ma vie."
    Paperjam, April 2004.

27 Sekundärliteratur: Jean Ziegler, „Retournez les fusils". *Le Seuil*, Erstveröffentlichung 1. April 1980, aktuelle Version 2014.

30 „Es (waren) auch [...] von der Partie."
    Tageblatt, 12. Juni 1982.

32 „Wie wir erfahren [...] der CFL-Direktion."
    Luxemburger Wort, 3. April 1982.

33 „Es war gegen [...] nicht mehr herauskam."
    Tageblatt, 6. April 1982.

33 „Als Benny Berg [...] Tribüne anwesenden Zuhörer."
    Tageblatt, 6. April 1982.

34 „François Bausch stellte fest, dass die ‚Tripartite' die Reaktionsfähigkeit der Gewerkschaften gehemmt habe."
    Tageblatt, Oktober 1982.

39 „Un autobus dans lequel on monte pour diverses raisons et diverses destinations."
    Le Monde, 3. August 2015.

50 „Zahlreiche Maßnahmen wurden bereits angegangen – viele sind noch in der Schwebe!"
    „Mecoskop" , *De Kéisecker*, info 13/2017.

60 „En outre et [...] beaucoup trop tôt."
    Jos Brebsom, „Compte rendu de la séance publique de la Chambre des Députés", 18. Juli 1989.

61 „Parlamentarische ‚Stars' sind unerwünscht; gefragt sind vielmehr auswechselbare Interpreten jener Botschaften, welche von der Basis ausgehen."
    Lëtzebuerger Land, 1. März 1985.

62 „Am 5.7.92 kommt [...] Krise der GAP." (...) „Die Rotation wird, [...] 0,2 Stimmen Mehrheit abgeschafft."
    Brigitte Faber, Mike Richartz, „Recherche: 10 Joer déi Gréng Alternativ – GAP, Eine Chronologie", ISERP 1992/93.

67 (...) „Bausch-Kult, ähnlich der ‚Joschkaisierung' bei den deutschen Grünen" (...) „Sicher bin ich [...] nicht einverstanden war."
    Woxx, 14. Mai 2004.

75 „Wo stehen denn die Grünen?" (...) „Wir stehen klar links von der Mitte." (...) „Von Ihnen, Herr Bausch, heißt es ohnehin, Sie strebten eine Koalition mit der CSV an." (...) „Die Menschen sind [...] Ideen zu übernehmen."
    Revue, 18. Oktober 2008.

79 „Zwar traten die [...] hinter Laurent Mosar."
    Télécran, 16. Juni 2004 .

83 „Ich erinnere mich [...] demokratischen Landschaft."
    Revue, 10. Januar 2004.

83 „Eine Regierung ohne [...] Belgien – gut – funktioniert."
    Revue, 12. Feburar 2003.

88 „Wir werden Allianzen [...] Richtung gehen müssen."
    Lëtzebuerger Land, 28. Mai 1993.

91 „Er zieht das Koalitionsprogramm seine Ressorts betreffend durch, mit unerschütterlichem Optimismus, dass der eingeschlagene Weg der richtige ist."
    Tageblatt, 29. August 2016.

95 (...) „wie Politiker das Medium aktiv nutzen, ohne über die Stränge zu schlagen."
    Luxemburger Wort, 15. Februar 2017.

97 „Ich glaube, dass [...] Wähler zu viel."
    Lëtzebuerger Land, 22. Juli 1994.

101 „Die sind sehr verlässlich – bis heute." (...) „dass viele etwas von dir wollen, die sonst wohl nichts von dir gewollt hätten."
    Zeit-Magazin, Nr. 34, 29. August 2016.

102 „Wenn ich nicht mehr gewählt werde, bin ich sicher dabei" (...) „Wenn wir die Wahl gewinnen, muss muss ich schauen, dass mein Terminplan es zulässt." (...) „Schick die offizielle Einladung nächste Woche ans Auswärtige

Amt, dann kann ich den Termin fest einplanen."
Revue, 28. August 2002.

104 „Sport, so behauptet [...] nicht zu sprechen."
Grünen-Wahlbroschüre, 1999.

105 „Für die Volksgesundheit habe ich mehr geleistet als die Gesundheitsreform" (...) „Ich treffe viele Leute, die durch mein Buch mit Laufen angefangen haben." (...) „Wir sind in [...] es verjüngt dich." (...) „Meine Nahostpapiere habe [...] am Rhein entstanden."
Revue, 28. August 2002.

113 „Weil es so wenig Radfahrer gibt, braucht man nichts für sie zu tun. Weil aber deshalb das Radfahren hier recht gefährlich ist, trauen sich so wenig Menschen aufs Rad."
„Die Henne und das Ei", *LVI Info 7*, Juli 1988.

114 „Punkt eins ist [...] man nicht Rad."
Revue, 26. November 2005.

118 (...) „die das Stadtbild [...] Bahnsteige verunstaltet werden".
Dossier BTB, *Courrier du commerce* 6/99, 1999.

118 „In der monatelangen [...] weitere wichtige Entscheidung" (...) „Die DP, schon [...] Tage ihre Position" (...) „Die CSV deckte [...] die Hauptstadt bekundete." (...) „Die ADR-Partei schließlich, [...] klare Alternativen vorliegen."
Dossier BTB, *Courrier du commerce* 6/99, 1999.

119 „Dès le début, [...] dirigiste et collectiviste."
Dossier BTB, *Courrier du Commerce* 6/99, 1999.

119 „Devant tant de [...] transport en commun." (...) „mes sentiments attristés" (...) „Faites votre guerre. Le commerce en pâtira, notre Ville également."
Dossier BTB, *Courrier du Commerce* 6/99, 1999.

120 „So haben Verkehrsplaner [...] gar nichts verstehen."
forum, Juli 2000.

120 „Gestoppt wurde die [...] an den Fakten."
forum, Juli 2000.

121 „Bürgermeisterin Lydie Polfer [...] ist mir schleierhaft."
Luxemburger Wort, 10. August 2015.

121 (...) „nachdem das Prestigeprojekt [...] politischen Parteien herausschälte."
Luxemburger Wort, 8. September 2016.

121 (...) „Dossiers, die sich [...] grün sein soll."
Revue, 18. März 2009.

123 Das „wenig spektakuläre Resultat in der Stadt verpflichtet dazu, nach Erklärungen zu suchen" (...) „zu große Ausrichtung auf Jugend und Mittelalter" (...)
Sitzungsbericht der *Sektion Luxemburg GAP*, 1993.

126 „Die Grünen haben [...] nationaler Ebene zunimmt."
Tageblatt, Ende der 90er-Jahre, o. D.

128 „Dann will ich [...] zeitig eingegriffen hätte." (...) „Das ist das [...] will ich nicht." (...) „Ich nenne dir [...] Frieden oder weniger."
Revue, 28. August 2002.

130 (...) „weil hierdurch viele grüne Akzente gesetzt und wichtige politische Inhalte umgesetzt werden können".
Dokument des Kongresses von *Déi Gréng*, Dezember 2013.

132 „D'LSAP riskéiert [...] un eis stellen."
Alex Bodry, *privates Tagebuch*.

134 „Juncker muss sich [...] Junckers lapidarer Antworten."
forum, März 2014.

134 „Ich hätte mir [...] Bein stellen würde"
forum, März 2014.

135 „Bevor der sichtlich [...] weitere Vorgehen ab."
forum, März 2014.

140 (...) „dass man sich [...] Langweiliges, aber Unverzichtbares."
Zeit-Magazin, Nr. 34, 29. August 2016.

142 (...) „die brisanteste Frage" der Mobilität seien die langen Fristen von der politischen Entscheidung über die Planung bis zum Bau."
Lëtzebuerger Land, 9. September 2016.

143 „Aber die Tram [...] nicht ‚ihre' Projekte."
Lëtzebuerger Land, 9. September 2016.

143 „Dann wurde aus der Sparübung das Bestreben, einen besseren öffentlichen Verkehr zu schaffen"
Revue, 5. November 2003.

150 „Trotz einer pessimistischen [...] durchaus ein Kraftakt ist."
Luxemburger Wort, 24. Dezember 2015.

150 „Somit konnte Bausch ein alternatives Image und pragmatische Kontinuität gewandt miteinander verknüpfen."
Diego Velazquez, *Luxemburger Wort*, 29. Dezember 2015.

Der Autor hat nach bestem Wissen und Gewissen die Urheber der Aussagen recherchiert, sollte es Unstimmigkeiten geben, kann der Autor via Verlag kontaktiert werden.

ISBN: 978-99959-42-39-7

1. Auflage 2018
© Editions Guy Binsfeld, Luxemburg 2018

Alle Rechte vorbehalten.
Nachdruck, auch auszugsweise, verboten.
Das Werk einschließlich aller seiner Teile ist urheberrechtlich geschützt.
Jede Verwendung außerhalb der engen Grenzen des Urheberrechtsgesetzes
ist ohne schriftliche Zustimmung des Verlags unzulässig und strafbar.
Das gilt insbesondere für Vervielfältigungen, Übersetzungen,
Microverfilmungen und die Einspeicherung und Verarbeitung
in elektronischen Systemen.

Titel: François Bausch, Der Un-Geduldige
Autor: Romain Meyer

Lektorat: Thomas Schoos
Redaktion: Nadine Pirrung
Layout und Coverdesign: Steffi Willkomm
Illustration Umschlag: Steffi Willkomm
Autorenfoto: © Heiko Riemann
Fotos: S. 4, © privat, François Bausch; S. 5, © SIP/Nicolas Bouvy; S. 160 © Cyrille Horper
Druck: GGP Media GmbH, Pößneck (Deutschland)

editionsguybinsfeld.lu